23 años

1987 - 2010

SUTCOBACH - GRO.

El Maestro:
Mi Compromiso
y Mi Lucha

El Maestro: Mi Compromiso y Mi Lucha

HISTORIA
DEL SUTCOBACH
GUERRERO

Jesús Alberto Jaramillo

Para ordenar copias adicionales de este libro, contactar:
Palibrio
1-877-407-5847
www.Palibrio.com
ordenes@palibrio.com
348970

ÍNDICE

Índice de Tablas

A mi esposa Yolanda
A mis hijas Artemisa y Atenas

A mi hermano Mario Vázquez Rodríguez
A Luis Enrique Garza Rodríguez
A Severo Escudero Carrillo

*A los Trabajadores Académicos, Administrativos y
de Intendencia del Colegio de Bachilleres.*

AGRADECIMIENTOS

A mi hija Artemisa,
Por haber compartido este sueño
y haberme ayudado a construirlo.

Lista de Abreviaciones

APACOBACHEG	Asociación del Personal Académico del Colegio de Bachilleres del Estado de Guerrero.
COBACHG	Colegio de Bachilleres del Estado de Guerrero
FSTSE	Federación de Sindicatos de Trabajadores al Servicio del Estado
FSCBRM	Federación de Sindicatos del Colegio de Bachilleres de la República Mexicana
FUERSA	Frente Único Estatal de Representantes Sindicales Autónomos
SINTCB	Sindicato Independiente de Trabajadores del Colegio de Bachilleres
SNTE	Sindicato Nacional de Trabajadores de la Educación
STACOBACH	Sindicato de Trabajadores Académicos del Colegio de Bachilleres
STTAISUAG	Sindicato de Trabajadores Técnicos, Administrativos y de Intendencia de la Universidad Autónoma de Guerrero
STAUAG	Sindicato de Trabajadores Académicos de la Universidad Autónoma de Guerrero
STUNAM	Sindicato de Trabajadores de la Universidad Nacional Autónoma de México
SPAUNAM	Sindicato del Personal Académico de la Universidad Nacional Autónoma de México
SUSPEG	Sindicato Único de Servidores Públicos del Estado de Guerrero
SUTCOBACHG	Sindicato Único de Trabajadores del Colegio de Bachilleres del Estado de Guerrero
UAG	Universidad Autónoma de Guerrero
UNAM	Universidad Nacional Autónoma de México
UNSCB	Unión Nacional de Sindicatos del Colegio de Bachilleres
UNT	Unión Nacional de Trabajadores
HCEE	Honorable Comisión Estatal Electoral

1

Prólogo

El escenario político, económico y social de México en la década de los setentas se caracteriza entre otras cuestiones por una etapa en que el Estado mexicano vería agotado su modelo económico, y esto se reflejaría en una profunda desigualdad con las complicaciones culturales, educativas, laborales, etc; propias de toda problemática social.

En este marco, las políticas de desarrollo estabilizador buscarían compensar las desigualdades sociales y los problemas nacionales y regionales que de esto se desprendían. En el ámbito educativo, impactó la saturación de las escuelas preparatorias, el crecimiento poblacional, la expansión de las ciudades y el creciente despertar de una mayor conciencia social, tanto estudiantil como académica y laboral, aunado a la falta de oportunidades profesionales que en materia de educación media superior existían. Lo anterior trajo como consecuencia la necesidad de acrecentar la oferta educativa mediante la creación de otras instituciones de bachillerato en la escena nacional. El 26 de septiembre de 1973, surge el Colegio de Bachilleres, con el objeto de impartir e impulsar la educación correspondiente al nivel medio superior bajo el modelo de bachillerato general, con carácter propedéutico y terminal.

Sin embargo, es hasta 1983 cuando el desarrollo económico, social y cultural del estado de Guerrero, así como las aspiraciones de la juventud guerrerense, para obtener una mejor preparación acorde a las características del progreso estatal y del país, plantean la necesidad de contar con más alternativas educativas en el nivel medio superior. Situación que llevaría a la creación del Colegio de Bachilleres del Estado de Guerrero (COBACHG) y que en 1988, buscó acercar esta oferta educativa a las zonas menos favorecidas del estado, cubriendo actualmente el 84% de los municipios y atendiendo a un sector importante de la población tanto en materia educativa como laboral pues representa una importante fuente de empleo tanto académico, como administrativo y de servicios.

Así mismo, debido a que la situación política y económica prevaleciente padecía una problemática en relación a la situación laboral y presupuestal, surge como respuesta de los trabajadores la unión sindical que pugnaría por los derechos de sus agremiados y cuyo objetivo principal fuera el de contrarrestar la brecha de la desigualdad social producto de los efectos de las crisis económicas.

En este contexto, el presente trabajo es un amplio estudio de la historia del Sindicato Único de Trabajadores del Colegio de Bachilleres del Estado de Guerrero (SUTCOBACH), que viene a dar testimonio de ésta lucha, analizada desde la perspectiva de quienes han sido sus dirigentes y narrada a la par, desde una perspectiva imparcial.

Destacan en la presente obra, las entrevistas a las personalidades que han sido factor clave y elementos fundamentales en la transformación del sindicalismo en el estado de Guerrero, FUERSA, APACOBACHEG, STACOBACH y SUTCOBACH.

La constante que se aprecia en la presente investigación, refleja el sentido del COBACH GUERRERO como una alternativa real para que los jóvenes egresados de secundaria puedan acceder a una opción de bachillerato general de calidad, que les permita ingresar a la educación superior e incorporarse a la actividad productiva. Del mismo modo, también se percibe el compromiso de los trabajadores agrupados del SUTCOBACH que a través de las palabras de sus líderes manifiestan la legítima aspiración de los trabajadores por obtener mejores niveles de vida, un desarrollo personal pleno e incentivos que los impulsen a laborar "Por la unidad para el desarrollo".

Cabe destacar que un valor agregado a la obra es que su autor, Jesús Alberto Jaramillo Rodríguez, ha sido partícipe de los procesos aquí narrados, pues fue Coordinador General de la APACOBACHEG. Lo cual garantiza, sin lugar a dudas, la visión y calidad de este trabajo, ya que el tema abordado es visto desde adentro por uno de los hombres que ha sido uno de los actores principales y pionero de este sindicato por lo que la obra por sí misma, constituye una memoria histórica y un referente obligado para quien se interese en la historia del SUTCOBACH.

Invierno de 2010
Mtro. Mario O. Martínez Rescalvo. Escritor ExDirector, Docente e
Investigador de la Unidad Académica de Antropología Social
de la Universidad Autónoma de Guerrero

—

2

Introducción

Era la década de los 70s y Guerrero vivía una época de crisis al interior de su máxima casa de estudios, la Universidad Autónoma de Guerrero. La situación, avivada por los movimientos campesinos y magisteriales, había restringido ya, en aras de la resistencia y presión por ser escuchados, la transición pacífica de los estudiantes por la educación media superior. Era momento de crear una nueva oferta educativa que destensara las condiciones existentes, y las autoridades lo entendieron de esa forma. Es así como surge el Colegio de Bachilleres del Estado de Guerrero.

Resulta curiosa la similitud entre la coyuntura estatal y nacional vigentes en los momentos de creación del COBACH estatal y nacional, respectivamente. Al momento del gran colapso en el Sindicato de la Universidad Nacional Autónoma de México (STUNAM), fue necesario para el Gobierno Federal descentralizar la educación Media Superior e impulsar nuevas opciones educativas. Por lo que, a la par de las Preparatorias, surgieron las Vocacionales, para posteriormente, dar paso a los Tecnológicos y los Colegios de Bachilleres. Poco a poco cobraron mayor fuerza los movimientos de los sindicatos de maestros, considerados como uno de los sindicatos más importantes a nivel nacional, que veían socavados sus derechos como trabajadores y que, en el naciente auge educativo, la mayor parte del tiempo ni siquiera tenían derechos que proteger.

En Guerrero, el Colegio de Bachilleres surgió como una alternativa para la juventud, en un estado donde a esa fecha sólo se contaba con Preparatorias de la Universidad Autónoma de Guerrero. Quizá los fines políticos que dieron origen al Colegio se han aclarado con el paso de los años, aunque algunos fueron evidentes desde el inicio. La política estatal, tratando de controlar a la naciente institución, olvidó brindar certezas a los académicos y docentes recién incorporados. Y fue en la búsqueda de esa confianza, la de brindar mayor seguridad a sus familias que, apoyados en el ejemplo de las conquistas sindicales de la UAG, los maestros de los Colegios de Bachilleres del Estado, se agruparon en la Asociación del Personal Académico del Colegio de Bachilleres del Estado de Guerrero.

El Maestro: Mi Compromiso y Mi Lucha, personifica los vaivenes que como maestros afrontamos día a día, el mantenernos firmes en nuestro compromiso con la educación y la lucha que desde siempre se ha mantenido por el respeto a nuestros derechos.

El Maestro: Mi Compromiso y Mi Lucha, surge de la necesidad de contar con la historia escrita del Sindicato Único de Trabajadores del Colegio de Bachilleres (SUTCOBACH), desde sus orígenes hasta la época actual, vista desde la experiencia vivencial de quienes han sido sus dirigentes. Ellos narran cómo percibieron las condiciones educativas, políticas y sociales de la época bajo las cuales tomaron los cursos de acción que marcaron la vida del sindicato. Al mismo tiempo, se describe la situación del sindicalismo nacional que dio origen al movimiento sindical guerrerense, los orígenes del Colegio de Bachilleres como institución de enseñanza media superior en México, y en Guerrero.

Sobre esta base, para comprender cómo las diferentes dirigencias han impreso su paso a través de la historia del SUTCOBACH, y cómo los elementos previamente esbozados han impactado necesariamente el presente, se han provisto consideraciones y conclusiones que ayudan a comprender la importancia y trascendencia del SUTCOBACH como garante de la estabilidad que al interior del Colegio se vive. Siendo este el marco en el que se contextualiza la situación actual, y lo que puede ser percibido como el papel que la sociedad espera y la contribución a la educación media superior de quienes formamos parte de tan honorable institución.

Sin duda, este proyecto rescata la historia de SUTCOBACH para que sea puesta al alcance de quienes hoy lo conforman y sea legado para aquellos que habrán de seguirnos. Quizás lo más valioso de esta historia, es el hecho de que ha sido narrada por aquellos que han sido parte de ella, los seis dirigentes sindicales del SUTCOBACH, un dirigente sindical de FUERSA, cuatro actores centrales en la creación del Colegio de Bachilleres en Guerrero y en la creación de la Asociación del Personal Académico del Colegio de Bachilleres del Estado de Guerrero. Destacan los matices que, como protagonistas en la historia del Sindicato y del Colegio, proporcionan a la narrativa. A la vez, resalta la riqueza de la pluralidad de ideas, de las diferentes concepciones del sindicalismo educativo, y de la lucha realizada a favor de los derechos de los trabajadores del COBACH.

A continuación, será descrita la situación nacional y estatal que dio origen al Colegio de Bachilleres, invitando al lector a ser parte de la historia. Será narrada la experiencia, transmitida de manera oral, de aquellos maestros fundadores y cuyos testimonios nos ayudarán a comprender la situación que dio origen a la APACOBACHEG, STACOBACH, hoy SUTCOBACH. Por las palabras de quienes fueran secretarios generales, el lector será testigo de cómo se gestaron, evolucionaron las ideas y propuestas, protestas y reclamos sindicales, la unidad en la diversidad ideológica, por la lucha, por la conquista de los derechos sindicales, hasta llegar a lo que conocemos hoy en día.

3

Colegio de Bachilleres

Para comprender la historia del SUTCOBACH en Guerrero, es necesario remitirnos al origen del Colegio de Bachilleres a nivel nacional. Las diferentes coyunturas políticas y sociales que impulsaron su creación, como será explorado, permitirán comprender la filosofía sindicalista y las diferentes luchas que han sido necesarias para garantizar el contrato colectivo de trabajo, las garantías de las cuales gozamos hoy en día y el derecho a un empleo que dignifica a administrativos y académicos.

Durante el régimen del Presidente Benito Juárez fueron promulgadas la Ley Orgánica de la Instrucción Pública del Distrito Federal (2 de diciembre de 1867) y su Reglamento (24 de enero de 1868), que constituyen históricamente el referente de la educación media superior en nuestro país. Fue así, como el 1 de febrero de 1868 abrió sus puertas a una naciente generación de jóvenes mexicanos la Escuela Nacional Preparatoria, en el edificio del antiguo Colegio de San Pedro, San Pablo y San Ildefonso de México, fundada y dirigida por el profesor Gabino Barreda.

Fue hasta el año de 1931, que la Escuela Nacional Preparatoria estableció el bachillerato especializado, para, en 1956 volver a la tendencia del bachillerato único. Durante el gobierno del Presidente Cárdenas, surgen los estudios tecnológicos con la fundación del Instituto Politécnico Nacional en 1936. Es en ese momento cuando el ámbito de la educación media superior se divide en prevocacionales y vocacionales, correspondientes a la secundaria y la preparatoria, respectivamente. La demanda incipiente de matrícula en la enseñanza media superior, provoca que aparezcan otras instituciones de bachillerato en la escena nacional.[1]

En este contexto surge el Colegio de Bachilleres, el 26 de septiembre de 1973, siendo Presidente de la República Luis Echeverría Álvarez. Creado por Decreto Presidencial como organismo público descentralizado del estado, el Colegio de Bachilleres inició labores en enero de 1974, con la función de impartir e impulsar educación correspondiente al nivel medio superior bajo el modelo de bachillerato general, con carácter propedéutico y terminal.

El naciente Colegio de Bachilleres tuvo como primer Director General al doctor Guillermo Ortiz Garduño (1973-1975). Los primeros cinco planteles COBACH fueron El Rosario, Cien Metros, Iztacalco, Culhuacán y Satélite. A él siguieron el maestro José Ángel Vizcaíno Pérez (1975-1982); el ingeniero Calixto Mateos González (1982-1990); el licenciado Ramón Díaz de León Espino (1990-1998); el licenciado Jorge González Teyssier (1998-2006); el ingeniero Ricardo Oziel Flores Salinas (2006-2007); y, desde febrero de 2007, el doctor Roberto Castañón Romo.[2]

COBACH ha sido entonces, concebido para ofrecer estudios de bachillerato a los egresados de la educación secundaria en las modalidades escolar y abierta. Con el objeto de ofrecer mayores oportunidades de desarrollo a los jóvenes, ha instituido convenios con empresas, dependencias públicas y organizaciones sociales de centros de asesoría y diferentes para llegar incluso a los lugares más apartados y ofrecer educación de calidad.

Acorde a la cifras publicadas en la Gaceta del COBACH, en 35 años de labor educativa, han egresado más de 350 000 estudiantes, tanto en el sistema escolarizado como en el abierto.[3] Todo ello bajo los preceptos de su origen, que se ven reflejados en la misión y visión institucionales, y que han guiado las acciones del COBACH a nivel nacional desde su fundación.

MISIÓN

Formar ciudadanos competentes para realizar actividades propias de su momento y condición científica, tecnológica, histórica, social, económica, política y filosófica, con un nivel de dominio que les

---

[1] Yáñez A 1986: 43
[2] Colegio de Bachilleres 2008: 53
[3] Colegio de Bachilleres 2008:3

permita movilizar y utilizar, de manera integral y satisfactoria, conocimientos, habilidades, destrezas y actitudes, pertenecientes a las ciencias naturales, las ciencias sociales y a las humanidades.

VISIÓN

Ser una institución educativa con liderazgo académico y prestigio social, con estudiantes de excelencia, comprometidos consigo mismos y con su sociedad; en instalaciones bien equipadas, seguras y estéticas, con procesos administrativos eficientes que favorezcan la formación de bachilleres competentes para la vida.[4]

Estos son los preceptos que rigen al Colegio de Bachilleres, y bajo esta dinámica es que se han conducido los esfuerzos institucionales. De manera similar, en Guerrero el COBACH surge como una alternativa a las escuelas preparatorias, impulsado por el gobierno para ofrecer nuevas opciones a los estudiantes. No obstante, en este apartado sólo se esbozan las condiciones de creación, dado que el objetivo de este estudio no es el emitir juicios de valor respecto al Colegio, sino comprender el contexto en el que surge y da paso al SUTCOBACH.

3.1 Colegio de Bachilleres del Estado de Guerrero

A 10 años de formado, el Colegio de Bachilleres en México, cómo todos los inicios, se encontraba en un proceso de legitimación como institución seria y comprometida con la juventud. Las instituciones de educación superior, Universidad Nacional Autónoma de México y el Instituto Politécnico Nacional, aún vivían un ambiente complejo. No obstante, las condiciones vigentes al interior de las instituciones académicas a nivel nacional hacían de COBACH un centro de estudios que luchaba por posicionarse y probarse como una institución de prestigio. Esa era la escena nacional que mucho se asimilaba a la estatal. En Guerrero, se suscitaba el enfrentamiento político entre la Universidad Autónoma de Guerrero, que impulsa y abandera la propuesta Universidad-Pueblo respaldada por la sociedad civil, levantando la voz y organizándose, y el Gobierno del Estado que por todos los medios busca acallarlo. Este quizá haya sido el más importante proyecto que la UAG haya

---

[4]   Colegio de Bachilleres C (2009)

tenido para la transformación social de nuestro estado, encabezados por una generación de jóvenes formados en la UAG con una ideología diferente, de avanzada, que reclamaba des-institucionalizar la educación y reconocer el derecho de todos los guerrerenses a una educación superior de calidad y al alcance de los que menos tienen, la "política de puertas abiertas".

Por iniciativa del Gobernador del estado, el Lic. Alejandro Cervantes Delgado, dan comienzo las investigaciones de campo para explorar la opción de fundar el Colegio de Bachilleres del Estado de Guerrero como alternativa educativa en el ciclo medio superior. Se practicaron estudios de factibilidad con el objetivo de vislumbrar la matricula esperada de alumnos egresados de secundaria, las condiciones del mercado de trabajo, así como los requerimientos propios de cada una de las zonas donde podrían instaurarse centros educativos.

Posterior a la valoración de los resultados de dichos estudios, y como ha quedado constancia en el Decreto número 490, publicado en el Periódico Oficial número 74 de fecha 16 de septiembre de 1983, se oficializa la creación del Colegio de Bachilleres del Estado de Guerrero. Del 19 de septiembre al 8 de octubre de 1983, se publicó en los diarios de mayor circulación del estado, la convocatoria de participación en el proceso de selección de catedráticos con la intención de conformar la plantilla del personal docente; obteniéndose una buena respuesta de los profesionistas.[5] Fueron seleccionados 71 docentes mediante un análisis exhaustivo de los diferentes perfiles profesionales y tras la realización de entrevistas personales en las que demostraron sus capacidades y vocación. De este modo, el 10 de octubre de 1983, inicia su operación con una matrícula que rebasó las expectativas. Los primeros planteles se ubicaron en los municipios de Chilpancingo de los Bravo, con 293 alumnos; Acapulco de Juárez, 253 alumnos; Iguala de la Independencia, 221 alumnos; Taxco de Alarcón, 85 alumnos; y Coyuca de Catalán con 110 estudiantes. Estos fueron los Colegios pioneros en el estado de una nueva generación educativa, que se va perfilando ya como una opción viable que oferta formación de calidad para los jóvenes guerrerenses.

En sus inicios, las instalaciones fueron prestadas por diversas instituciones educativas, lo que quiere decir que no se contaba con edificios propios, por lo que los espacios incluso podrían haber parecido improvisados. No obstante, el proyecto ya había permeado entre los docentes y ahora, el COBACH Guerrero era impulsado por las y los maestros en las diversas instalaciones, quienes estaban decididos a seguir adelante con el apoyo de los gobiernos Municipal

---

[5]   Colegio de Bachilleres 2008:11.

y Estatal. La planta docente se comprometió desde el inicio con el Colegio. Desde sus orígenes hasta la época actual, los maestros han sido el pilar que ha ennoblecido a la institución, a la par de los trabajadores administrativos y de intendencia que conforman la familia Bachilleres. Esto se afirma como un hecho que puede ser atestiguado a través de los anales históricos que obran en el Colegio de Bachilleres del Estado.

Ha de ser recordado que, sin importar el número de horas o la categoría con que hubieran sido contratados para desempeñarse al frente de las áreas del conocimiento en que se habían especializado, todos los maestros salieron a las calles, a las casas de las ciudades circunvecinas, a los planteles, a las comunidades, para ofertar la nueva opción educativa que estaba al alcance de la juventud guerrerense. Se invitaba a los padres de familia a tener confianza, a enviar a sus hijos a asistir a esta institución. Lo que los maestros les solicitaban era la oportunidad de continuar formando a sus hijos, de que hubiera confianza en esta nueva forma de educar, en este nuevo modelo educativo que recién iniciaba en el estado, orientado a impulsar y fortalecer el desarrollo académico, cultural y deportivo de los alumnos. Los maestros incluso tuvieron que reforzar el trabajo de las autoridades estatales al asistir a visitar a los ediles, a las comunas municipales, a los comisarios, para sensibilizarlos ante esta opción educativa, una opción seria y que se planteaba tener grandes alcances entre la juventud y la sociedad guerrerense.

De esta forma se hizo tangible el enorme compromiso, el entusiasmo, la mística misma que obraba en los maestros fundadores del Colegio de Bachilleres, en los trabajadores administrativos y de intendencia que juntos lucharon por consolidar a los COBACH entre las y los guerrerenses, en los primeros años, en los años de formación.

El Gobierno del estado asume con responsabilidad su compromiso con el Colegio de Bachilleres Guerrero y emite, por medio del Congreso del Estado las leyes que darán seguridad, certeza, y el marco jurídico necesario para el funcionamiento del mismo.

Así quedó asentado el surgimiento del COBACH en Guerrero, en el Decreto Número 490 publicado en el Periódico Oficial número 74 el 16 de septiembre de 1983, como un Organismo Público Descentralizado con sus órganos de Gobierno perfectamente delimitados.[6]

---

[6]   Guerrero (1983)

3.1.1 Marco Normativo

De acuerdo al artículo 3 constitucional, la ley general de Educación y la ley estatal de educación, la finalidad de la educación es promover en todo momento las potencialidades del ser humano para adquirir, trasmitir y acrecentar la cultura, a través de un proceso permanente que contribuya al desarrollo del individuo y la transformación de la sociedad. Asimismo, la educación ha de propiciar el conocimiento de los derechos humanos y el respeto de los mismos. El proceso educativo ha de fomentar la investigación, la innovación científica y tecnológica; impulsar la creación artística, la adquisición y la difusión de la cultura universal. El sistema educativo ha de ser el que estimule y la práctica del deporte; cree conciencia para la preservación de la salud, la planeación familiar y la paternidad responsable, sin menoscabo de la libertad y el respeto absoluto a la dignidad humana; haga énfasis en la necesidad del aprovechamiento racional de los recursos naturales y de la protección del medio ambiente; finalmente, el proceso educativo ha de ser el que desarrolle actitudes solidarias de los individuos e impulse el respeto hacia los grupos vulnerables como: mujeres, niños, indígenas, adultos mayores, entre otros[7].

3.1.1.1 Decreto de creación del Colegio de Bachilleres

El decreto número 490, crea el Colegio de Bachilleres del Estado de Guerrero como un organismo público descentralizado, con personalidad jurídica y patrimonio propio, con domicilio en la ciudad de Chilpancingo Guerrero; con el objeto de impartir e impulsar la educación correspondiente al bachillerato en sus características propedéutica y terminal.

En su parte considerativa, fundamenta la creación y existencia del Colegio en: "Que el desarrollo económico, social y cultural del Estado, así como la legítimas aspiraciones de la juventud de Guerrero, para obtener una mejor preparación acorde a las características del progreso estatal y del país, plantean la necesidad urgente e inaplazable de brindar oportunidades y alternativas educativas en el Ciclo Medio Superior de Bachillerato, con las características propedéuticas y terminal, con la finalidad de que al concluir dichos estudios obtengan su certificado correspondiente como antecedente escolar de educación superior y constancia que acredite la capacidad adquirida para un trabajo específicamente calificado, que dichas alternativas de tal tipo de bachilleratos

---

[7]   Colegio de Bachilleres B 2008:12

deben contribuir a la formación integral del educando a través de actividades de carácter paraescolar que fomenten su participación activa en la comunidad estudiantil y en la sociedad, al mismo tiempo que se capaciten en el manejo metodológico y técnico de su actividad académica, para incrementar su acervo cultural y motivar su interés en el estudio, en la investigación y en el trabajo socialmente útil y productivo".

Posteriormente, el 31 de mayo de 1988, se publicó el Acuerdo que instituye el programa del Colegio de Bachilleres por Cooperación, siendo gobernador el Lic. José Francisco Ruiz Massieu, con la firme convicción de acercar la educación pública a las zonas menos favorecidas del estado. La esencia de los planteles por cooperación ha sido que en cada municipio exista al menos un plantel para que los jóvenes no emigren ni abandonen su preparación. De manera fundamental, es requerida la participación ciudadana, como hacedores del sistema educativo, lo cual los constituye en el principal motor de la educación de los jóvenes, con el respaldo indiscutible del estado. Los planteles por cooperación cuentan con el apoyo de las autoridades municipales y de los padres de familia, quienes de manera permanente han apoyado en el mejoramiento de las instalaciones físicas y han seguido de cerca el desempeño de los docentes y administrativos, así como de las actividades extracurriculares en que participa el alumnado. Mención especial y reconocimiento a los trabajadores de estos planteles, por el trabajo, compromiso y responsabilidad con el cual se desempeñan no obstante de la notoria desigualdad salarial. Esta aún es una tarea, un compromiso sindical pendiente.

3.1.1.2 Decreto número 210 que modifica el decreto original de creación

A 18 años de la creación del Colegio de Bachilleres, el día 2 de marzo del 2001, se publicó el decreto 210 que modificó al decreto de creación original[8]. Dichas modificaciones actualizan la integración y funciones de la junta directiva y del Director General. A este último, le permite otorgar la representación legal a terceras personas en los asuntos que competen al Colegio.

3.1.1.3 Ley 690 de entidades paraestatales del Estado de Guerrero

Esta ley ha tenido por objeto el regular la creación, modificación, fusión, administración, evaluación, y la forma de gestión y extinción de las entidades

---

[8]   Colegio de Bachilleres B 2008:13.

que la administración pública paraestatal. El Colegio de Bachilleres, como entidad paraestatal, depende del Gobierno estatal en la designación de su órgano de gobierno y de su Director General. De esta forma, la ley modifica la integración y algunas funciones del órgano de gobierno del subsistema y del Director General, haciéndolas más claras en todos los sentidos, delimitando funciones y atribuciones centrales. A ellas se refieren los artículos 1 y 43 de la Ley Orgánica de la Administración Pública del Estado de Guerrero y sus correspondientes apartados en la Ley 690.

3.1.2 Oferta Institucional

El Colegio de Bachilleres ofrece el bachillerato general de la educación media superior, por medio de 3 modalidades: escolarizada, semiescolarizada y a distancia. Tras haber seguido una evolución y un proceso de consolidación difíciles, el COBACH hoy cuenta con 122 centros educativos de los cuales: 52 tienen sostenimiento federal y estatal, 35 son oficiales, 13 extensiones y 4 Educación Media Superior a Distancia (EMSAD); 46 son financiados por el estado, una extensión, 43 por cooperación y 2 semiescolarizados y 24 son incorporados, 5 particulares y 19 a cargo de ayuntamientos o asociaciones civiles, a los que el Colegio sólo les otorga el reconocimiento oficial de estudios y verifica la calidad de la educación que ahí se oferta. [9]

Así mismo, se cuenta con una matrícula de 28, 108 alumnos, 47% hombres y 53% mujeres; los planteles se ubican en el 84% de los municipios de la entidad, atendiendo al 29% de la matricula total de la educación media superior en el estado de Guerrero.

Hasta 2009, al Colegio de Bachilleres lo conforman 1505 docentes, y 1,054 trabajadores administrativos[10]. Para atender las funciones directivas a nivel central y en los planteles que administra el Colegio, se tienen 142 trabajadores: 30 desarrollan sus actividades en la Dirección General, 65 en los planteles oficiales, 43 en los planteles por cooperación y 4 en la modalidad de EMSAD; Respecto a su grado de estudios el 80% tiene como mínimo licenciatura.[11]

---

[9] Colegio de Bachilleres B 2008:43.
[10] Colegio de Bachilleres B 2008:53.
[11] Colegio de Bachilleres B 2008:53.

3.1.3 Directores Generales

El órgano de Gobierno del Colegio de Bachilleres, cuenta con la figura del Director General para velar que esta casa de estudios cumpla con las leyes y reglamentos con la función de proporcionar educación de calidad a las y los guerrerenses. La figura de los Directores Generales ha sido importante, ya que de su buen desempeño y de lo acertado de su visión sobre cómo conducir los destinos del Colegio, ha sido para bien o para mal lo que el COBACH es hoy. No obstante, de manera posterior se analizará la relación de los Directores con la planta docente y administrativa, así como la postura que han asumido respecto a la vida sindical y su injerencia en asuntos estrictamente sindicales, al respeto y a la preservación de los derechos de los trabajadores.

Es así como el Colegio de Bachilleres ha sido dirigido por diez Directores Generales, que se presentan a continuación, para situar al lector en el contexto cronológico y proporcionar los elementos para comprender la sección subsecuente, el sindicalismo en el COBACH.

Tabla 1.
Directores Generales del Colegio de Bachilleres Guerrero

Lic. Andrés Peralta Santamaría (1983-1987)
I.Q. Hubert de la Vega Estrada (1987-1993)
Lic. Fermín Gerardo Alvarado Arroyo (1993-1996)
Lic. Eutimio Rodríguez Maganda (1996)
Lic. Julio César Hernández Serna (1996-2000)
MAP. David Guzmán Maldonado (2000-2004)
Lic. Martha Mazón Parra (2004-2005)
Mtro. Miguel Guerrero Ocampo (2005)
Dr. Jorge Carlos Payan Torres (2005-2006)
Ing. José Luis Parra Mijangos (2006-2009)
Lic. Porfirio Librado Daza Rodríguez (2009-2011)

4

Sindicalismo

4.1 Principios y fundamentos del Sindicalismo en el Colegio de Bachilleres

En la historia de los movimientos sindicales de los años 70s, al lado de las luchas en el sector obrero, entre los Telefonistas, y la Federación de Sindicatos de Trabajadores al Servicio del Estado (FSTSE), han figurado y destacado los movimientos por preservar los derechos de los trabajadores de la educación y el Sindicato Mexicano de Electricistas al rescate del contrato colectivo de trabajo. Es en este contexto como resalta el papel en la historia de los movimientos sindicales del Sindicato Independiente de Trabajadores del Colegio de Bachilleres (SINTCB).[12] El SINTCB enarboló desde el inicio el ir más allá de los tintes oficialistas y representar a los trabajadores por el derecho a la dignidad y al trato igualitario, por el derecho al trabajo y a la preservación del mismo.

En 1977 tuvo lugar el histórico movimiento sindical en la UNAM. Este suceso fue propiciado por la fusión del STUNAM y del SPAUNAM en un sólo sindicato, donde por vez primera personal académico y administrativo lucharon juntos por un mismo Contrato Colectivo de Trabajo, por el respeto a los derechos de los trabajadores contra la cerrazón patronal. La unión que promovían tenía como objetivo central el de cobrar mayor fuerza, la unión era a favor de tener la razón, a favor de crear derechos y dejar de estar a la merced de las decisiones patronales.

---

[12]   Aguilar J en Canto R (Marzo-Abril):1990

—

En marzo de 1977, el SINTCB ganó la primera elección que lo convirtió en la organización representante del mayor interés sindical de los trabajadores del Colegio de Bachilleres, obteniendo el 59% de la votación, frente a los dos sindicatos patronales[13]. Mi reconocimiento y gratitud a la solidaridad de los compañeros del SINTCB, que de manera directa participaron con su asesoría y experiencias en nuestra formación como organización gremial. A nivel nacional han sido muchas las experiencias de buscar la mejor coordinación y organización sindical.

De esta manera, bajo el lema "Por la Unidad para el Desarrollo", se conforma la Asamblea Constitutiva de la Federación Nacional de Sindicatos de los Colegios de Bachilleres. El objetivo fue claro, conformar un organismo nacional que agrupara a todos los organismos estatales en favor de la defensa de los intereses de los trabajadores de los Colegios de Bachilleres del país. La Federación de Sindicatos del Colegio de Bachilleres de la República Mexicana (FSCBRM), se comprometió a mejorar la calidad de vida de los trabajadores y de alcanzar la excelencia educativa. Como consta en la Declaración de San Luis Potosí del 22 de Octubre de 1994, se conformó una Coordinadora Nacional que representaba a todos los estados en la lucha por fortalecer las demandas. De esta forma, se evitaba la fragmentación de los esfuerzos estatales que buscaban mejorar sus condiciones de trabajo antes los gobiernos locales. Así, al elevar la lucha al nivel nacional, y, con la representación que una Coordinadora Nacional posee, se ejercería mayor presión a la hora de reclamar el reconocimiento a los derechos fundamentales de los trabajadores.

> Estamos convencidos de que la democracia, la unidad en la pluralidad y la solidaridad de los sindicatos hermanos que hoy confluimos en la Federación habrá de darle la fuerza, el empuje, el poder de convocatoria que le permitirá aumentar constantemente su capacidad de movilización. Sólo el poder de convocatoria del Comité Ejecutivo le otorgará una capacidad de respuesta cada día más vigorosa para enfrentar a quienes pretenden obstaculizar la avanzada sindical que lucha para mejorar la calidad de nuestra vida. (8 de septiembre de 1996).

El FSCBRM tuvo una destacada colaboración de los sindicatos nacionales, al seno de la Unión Nacional de Trabajadores (UNT). De ellos se recibió asesoría jurídica y estratégica para la constitución del SUPDACOBAEZ. La

[13]   Pulido A (2008)

constitución de la Coordinadora Nacional fue el primer eslabón rumbo a la Federación Nacional de Sindicatos de Colegio de Bachilleres. Se realizaron diversas reuniones en los diferentes estados, lamentablemente no prosperó, pero si dio paso a lo que sería la constitución de la Unión Nacional de Sindicatos de Colegio de Bachilleres (UNSCB). De esta forma, la Presidencia Colegiada de la UNSCB fue integrada por los Secretarios Generales de cada uno de los sindicatos que la conformaban. La lista de sindicatos se aprecia con claridad a continuación en la Tabla 2.

Tabla 2.
Sindicatos Integrantes de la Unión Nacional
de Sindicatos de Colegios de Bachilleres (UNSCB)

1   Baja California Norte: SPACOBACH

2   Baja California Sur: SUTCBEBCS

3   Campeche: SUTCOBCAM

4   Chiapas: SUITCOBACH

5   Chihuahua: STAACOBACH

6   Durango: STAACOBAED

7   DF: SINTCB

8   Estado de México: Asociación de Trabajadores Académicos y Administrativos

9   Guerrero: SUTCOBACH

10 Hidalgo: SUTACOBAEH

11 Jalisco: STACOBAEJ

12 Michoacán: SITCBEM

13 Morelos: SUTCOBAEM

14 Oaxaca: SUTCOBAO

15 Puebla: SUTCOBAP

16 Querétaro: STSPE

17 Quintana Roo: SITACOBAQROO

18 San Luis Potosí: SITCBSLP

19 Sonora: SUTCOBS

20 Tabasco: SPCBT

21 Tabasco: SPACOBAT

22 Tamaulipas: SITRACOBAT

23 Tlaxcala: STACOBAT Académicos

24 Tlaxcala: STACOBAT Administrativos

25 Veracruz: SUITCOBAEV

26 Yucatán: STCBY

27 Zacatecas: SUPDACOBAEZ

Podrá notarse que el SUTCOBACH ha estado presente en la lucha nacional, y que ha sido un eje fundamental para lograr mayores apoyos y respaldos en la lucha por el respeto al Contrato Colectivo de Trabajo en Guerrero. Como quedará asentado en secciones subsecuentes, recordemos que nacimos como una Asociación, no siempre existió el Contrato Colectivo y hemos realizado una conquista laboral que ha significado años de negociaciones, de esfuerzos, de paros, de marchas y de huelgas, de luchas incontables por parte de los trabajadores y dirigentes sindicales. Quizá hoy se da por hecho que debieron de haber existido desde el inicio, y afortunadamente no son evidentes las carencias que la falta de estas garantías representaría para los trabajadores. Sin embargo, son el resultado positivo del esfuerzo y la organización sindical que ha significado la búsqueda permanente de la unión de los sindicatos nacionales, "la UNT", para crear frentes en defensa de los derechos de los trabajadores, por la defensa del petróleo, por el respeto a un trabajo digno, por el respeto irrestricto a nuestro contrato colectivo, por el respeto a la vida interna sindical. Es el fruto de las alianzas con otros sindicatos que ha logrado un respeto por parte del Gobierno en conquistas tan importantes como el reconocimiento al derecho de la autonomía e independencia sindical.

Es así como el SUTCOBACH ha contribuido, desde su trinchera suriana, sumándose a las causas nacionales pugnando por el respeto a sus derechos en Guerrero. Es aquí donde puede observarse la creación del Frente Único Estatal de Representantes Sindicales Autónomos (FUERSA) en Guerrero, que sin duda alguna representa un importante precedente para la historia del sindicalismo en nuestro estado.

4.2 FUERSA. Sindicalismo en Guerrero

Como ha sido referido líneas antes, el Frente Único Estatal de Representantes Sindicales Autónomos (FUERSA), reúne expresiones importantes en nuestro estado. El objetivo es, siguiendo la tendencia nacional, crear un frente común por la defensa de los derechos fundamentales de los trabajadores, por la defensa del Contrato Colectivo de Trabajo.

A continuación se presenta la entrevista realizada, al Secretario General de FUERSA, Lic. José Luis Navarro Peña, para conocer, de voz de su primer dirigente, los orígenes y la concepción de este Frente Único.

¿En qué año se funda el Frente Único Estatal?

El Frente Único de Representantes Sindicales Autónomos (FUERSA) se constituyó el 23 de noviembre de 2006. A la fecha, ya celebramos nuestro primer aniversario y estamos en la espera del siguiente, para conmemorarlo con una serie de conferencias y con un evento simbólico que sirva para realizar un balance de las conquistas realizadas en este período. Siempre es necesario un balance de lo que concebimos en sus inicios en contra la realidad de lo que se está enfrentando, para valorar si las diferentes expresiones han estado desarrollándose en su máxima expresión. El evento del primer aniversario, por citar un ejemplo, contó con la presencia trabajadores provenientes de las siete regiones del estado, que pertenecen a los diferentes sindicatos que constituimos FUERSA.

¿Qué razones los motivaron para conformar este Frente?

FUERSA es, hoy en día, un Frente conocido y reconocido a nivel estatal y nacional. Existe una anécdota de las siglas que nos representan,—FUERSA—y se remonta al año en que realizamos como Frente nuestra primera marcha nacional en la ciudad de México. En ese momento, el Frente Único apoyaba de manera específica el movimiento de los compañeros del Colegio de Bachilleres (Trabajadores del Colegio de Bachilleres). Durante la marcha, llevamos una manta donde se leía la leyenda FUERSA, y fuimos testigos de cómo algunas personas que observaban al movimiento desfilar por las calles comentaban con desdén . . . "mira son los maestros del Colegio de Bachilleres y escriben FUERSA con S (ese)." Lo que aquellas personas no alcanzaban a comprender era que, lo que en esos momentos atestiguaban era el paso frente a ellos de una nueva fuerza sindical, que en Guerrero había logrado ya la participación y consenso de diferentes sindicatos por la lucha del bien común.

Y bien, se decidió nombrar FUERSA al Frente, porque ante todo somos un Frente de Sindicatos, que hoy que somos uno, exigimos mejores condiciones laborales para los trabajadores y respeto de la parte patronal hacia nosotros. No somos un sindicato aislado, que actúa solo, antes bien, el constituirnos como un Frente fue ante la necesidad de unirnos para cobrar FUERSA, fuerza al momento de elevar la voz y exigir el respeto a nuestros derechos. Al final, fue así como surgieron los grandes sindicatos, donde los trabajadores entregan su individualidad, sus derechos individuales de trabajo en aras de construir una colectividad que permite lograr mayores conquistas unidos. Así pues, se pensó que era tiempo de dejar de competir como sindicatos entre nosotros, y reaccionar ante la realidad, aislados era difícil que lográramos el impacto que estábamos buscando. Fue entonces cuando empezamos a reunirnos, para acordar las condiciones bajo las cuales seriamos un mismo Frente, para respetar la individualidad de cada sindicato a la vez que nos fusionaríamos en uno. Todo nació como un sueño, un sueño que compartíamos desde varios años atrás, en la búsqueda de la unidad de los trabajadores. Como es de entenderse, cada sindicato tiene sus propias reglas, cada sindicato tiene su propia forma de funcionar y se hace imposible hacer converger las diferentes formas de concebir el trabajo de grupo. Incluso cuando iniciamos este proyecto, en 2003, algunos decían que nunca sería posible converger en algún punto como sindicatos para formar un Frente Único. Hubo quienes pensaban que, si los sindicatos universitarios—que existen dos sindicatos en la Universidad Autónoma de Guerrero, que son el STAUAG Sindicato Académico y el STTAISUAG Sindicato de Trabajadores Técnicos, Administrativos y de Intendencia—no podían ponerse de acuerdo, parecía entonces una idea absurda intentar homologar sindicatos con tan variados antecedentes. Sin embargo, luchamos por unificarnos, primero fueron tres sindicatos, después fueron sólo dos, después sólo uno. No obstante, nunca nos dimos por vencidos, hasta que, en 2003 finalmente se logró la constitución de FUERSA.

La razón de que exista FUERSA, el objetivo fundamental es que unidos, podemos lograr más, más prestaciones que contribuyan a mejorar las condiciones laborales y familiares de los trabajadores a quienes representamos.

¿Qué Sindicatos conforman el Frente?

Los sindicatos que conforman FUERSA son los dos sindicatos universitarios, el Sindicato de Trabajadores Académicos (STAUAG) y el Sindicato de Trabajadores Técnicos, Administrativos y de Intendencia (STTAISUAG); el Sindicato Único de Trabajadores del Colegio de Bachilleres (SUTCOBACH); el Sindicato de los Trabajadores de CAPECE; los jubilados del Gobierno del Estado; y los sindicatos independientes de Acapulco e Iguala.

¿Cuáles son las actividades que ha realizado FUERSA?

Nuestra primer actividad en el estado, como Frente Único de Trabajadores, la realizamos en la ciudad capital, en Chilpancingo, el 23 de enero del 2006. En ese momento estuvimos presentes alrededor de 4 mil integrantes provenientes de las diferentes regiones de Guerrero. A partir de ese momento se han derivado más marchas, en Acapulco, Chilpancingo y en la ciudad de México. Todas ellas han sido por la defensa de los derechos de los trabajadores. Una de las primeras conquistas que consideramos importante, ha sido que por vez primera vez en el estado de Guerrero logramos que el 8 de noviembre del 2007 se presentaran ante la Junta de Conciliación y Arbitraje los emplazamientos (a huelga) siete sindicatos. Esto nos permitió iniciar negociaciones. Había sindicatos, como por ejemplo el de los Trabajadores del Conjunto Jacarandas, a los que la Junta no quería admitirles su emplazamiento. Ante ellos, nos manifestamos de manera pacífica en una marcha que culminó frente a las instalaciones de la Junta de Conciliación y Arbitraje en Chilpancingo y esto, de manera evidente, sensibilizó a los patrones del Conjunto Jacarandas. Lo mismo sucedió con CAPECE, la Junta se negaba a admitir su emplazamiento. Así que marchamos todos juntos, como FUERSA, y convocamos a los medios de comunicación a ser testigos de que nos manifestábamos de manera pacífica, a la prensa escrita, la radio, la televisión y logramos sensibilizar a los patrones de estos siete sindicatos, de tal manera que abrimos la posibilidad de la negociación de los emplazamientos. Estos emplazamientos todavía están vigentes a la fecha del día de hoy (13 de febrero de 2008), excepto el del Sindicato del Colegio de Bachilleres, que llegaron a acuerdos con la parte patronal y se suspendió la huelga.

Los sindicatos universitarios STAUAG y STTAISUAG, así como CONALEP, también negociaban el llegar a acuerdos satisfactorios para evitar los estallidos de huelga. Es decir, se logró que la fuerza que como Frente Único de Sindicatos se tenía, por primera abriera la posibilidad de que la parte patronal reconociera los derechos laborales de los trabajadores que conforman FUERSA.

¿Qué acciones han emprendido para manifestar sus peticiones?

De manera evidente hemos desarrollado diversas marchas, conferencias de prensa, seminarios. Así mismo, hemos ido a la radio, la televisión, hemos convocado la prensa escrita. Todo ello para que el Frente sea reconocido a nivel estatal, y a nivel nacional por medio de la Unión Nacional de los Trabajadores.

De igual forma, se ha asistido a eventos importantes de la vida sindical del país como el aniversario del STUNAM (Sindicato de Trabajadores de la Universidad Autónoma de México). Aún más, por la importancia de FUERSA, tuvimos el honor de estar entre los oradores del evento y nos pronunciamos a favor de la defensa de la Universidad pública. Hemos estado también con los compañeros Telefonistas del Medio Nacional, hemos logrado vinculación de la ÚNETE a nivel estatal, hemos logrado que también la Federación de Sindicatos Universitarios ya reconozcan a nivel nacional la actividad de FUERSA a tan sólo un año de constituido como Frente.

¿Cuando se han manifestado, han sufrido represalias?

No. Consideramos que este gobierno nos ha respetado, no se nos ha agredido en forma alguna. Y no podía haber sido de otra forma, como FUERSA, hemos ejercido el derecho de manifestarnos, mismo que es consagrado en el artículo 6 de la Constitución Política de los Estados Unidos Mexicanos. Así, este derecho lo hemos ejercido respetando los derechos de los ciudadanos, aún cuando sabemos que se obstruyen vialidades, hemos sido respetuosos. Les hemos pedido en su momento, comprendan que, para los gobiernos, es necesario que realicemos este tipo de manifestaciones para sensibilizarlos. Aún cuando hemos interrumpido el derecho de libre tránsito de quienes circulan por las calles, lo hemos hecho obligados por las circunstancias.

Los que conformamos FUERSA, todos los sindicatos y todos los trabajadores buscamos siempre el respeto a un salario decoroso, un salario que nos permita vivir con dignidad con nuestra familia. Desafortunadamente, en la mayoría de las veces estos sueldos y salarios no responden a la realidad económica de nuestro país, y se pretenden tasar de acuerdo a condiciones que se vivían en México, fundamentalmente en referencia a la canasta básica, años atrás. Estos salarios se manejan en un escritorio, algunas veces de manera insensible y capitalista, sin saber lo que realmente cuesta el pan, la leche, el transporte. La alimentación, el vestido, el calzado, los servicios como agua, luz sin siquiera incluir privilegios como televisión por cable, teléfono y momentos de esparcimiento, dependen de nuestro trabajo. Así pues, no hemos enarbolado causas insensibles, sólo se ha reclamado lo justo. No es posible que mientras los supuestos representantes del pueblo, como son los senadores y los diputados locales, reciben sueldos de primer mundo y gocen de garantías y privilegios, a los trabajadores se les dé un salario que apenas y les permita vivir de manera decorosa y cubrir sus necesidades más básicas.

Consideramos que el reparto de la riqueza del país es injusto. Que mientras nosotros nos dedicamos a la formación de las nuevas generaciones, a la educación, para preparar a los nuevos ciudadanos, a quienes habrán de guiar a nuestro estado, recibimos a cambio sueldos y salarios tan someros. Esto lo consideramos una discriminación, un agravio social que lastima, que merma nuestra confianza en las instituciones. La Ley Federal de Trabajo menciona que el salario mínimo es aquella cantidad que va a recibir el trabajador para garantizarle las condiciones de subsistencia que ya he mencionado. Es decir, el garantizarle que tenga los medios para cubrir sus necesidades primordiales. Hoy, por ejemplo están ofreciendo a nivel nacional para todas las universidades públicas y para todos los trabajadores del país un 4.25%, y por otro lado con la nueva Ley del ISSSTE, con la nueva tabla del impuesto sobre el producto del trabajo nos están duplicando este impuesto de un 50 al 80%. Esto simplemente carece de lógica en los bolsillos del trabajador, te dan 4.25% y te descuentan del 50 al 80 por ciento. Nuestro sueldo se pulveriza, los incrementos salariales se nulifican, desaparecen. ¿Qué pasaría si iguales condiciones aplicaran a los senadores, a los diputados? Seguramente el número de políticos disminuiría de manera considerable.

Como nos hemos dado cuenta en los medios de comunicación, el gobernador pidió al Congreso un incremento del 10 por ciento a su sueldo, cuando tiene acceso a un salario que ya quisiéramos muchos. Y sin embargo, a los trabajadores de la educación nos *dan largas* (demoran) y nos obligan a manifestarnos para reclamar un 4.25%. ¿Alguien lo considera justo? Es por ello que tenemos la obligación, que tenemos el compromiso de manifestarnos y tomar las calles.

Voy a comentar las peticiones que realizamos este año al gobierno. Primero que nada, 90 días de aguinaldo. La lógica detrás de los 90 días es porque existen antecedentes en el sector educativo precisamente, en el Sindicato Nacional de Trabajadores de la Educación (SNTE) que ya se recibe esta prestación. Como parte del sector educativo, se ha pedido el acceso a este derecho, a los 90 días, porque consideramos que nosotros también pertenecemos a ese sector educativo, que aún más, como parte de los niveles medio superior y superior, realizamos incluso un esfuerzo adicional que quienes pertenecen al nivel básico.

Hemos pedido la zona salarial única bajo la premisa de que no consideramos el dividir al estado en dos clases sociales. A los trabajadores de Acapulco se les da un porcentaje por vida cara, cuando en ciudades como Chilpancingo es más costoso tener acceso a los servicios que en Acapulco, por citar sólo un ejemplo. Así mismo, solicitamos un incremento del 20 por ciento salarial. Estas son las peticiones que hicimos llegar en nuestros emplazamientos a huelga, y que hasta la fecha, el Colegio de Bachilleres y el DIF, de los siete que emplazamos, los restantes estamos luchando por esas conquistas.

Para concluir, José Luis Navarro Peña, Secretario General de FUERSA comentó lo siguiente:

> Este Frente Único de Sindicatos nace con una clara intención, la de defender única y exclusivamente los derechos de los trabajadores, acorde al derecho constitucional plasmado en el artículo 123 de nuestra Carta Magna y en la ley reglamentaria de este articulo, que es la Ley Federal de Trabajo. FUERSA no se creó para ningún partido político, respetamos en este Frente la autonomía y soberanía de cada sindicato, sus reglamentos internos y normatividad. Esta ha sido una premisa fundamental que hemos vigilado desde el momento mismo en que decidimos constituirnos como un sólo Frente, el no politizar a nuestra organización, ni siquiera el actuar de manera tendenciosa hacia partidos políticos existentes o de nueva creación. Nuestra lucha es la defensa de los trabajadores por medio de los sindicatos. Como queda manifiesto en la Ley de Trabajo, sindicato es la defensa de los intereses de quienes se representa y en este caso son los trabajadores, nosotros no estamos ni pertenecemos a ningún partido político, antes bien, consideramos que los partidos ya no garantizan la defensa de los trabajadores. Cuando llegan al poder, lamentablemente olvidan a las bases y no son garantía de cambios sociales ni en el estado ni en el país.

A continuación se presenta, en la Tabla 3, la lista de los Secretarios Generales de los sindicatos que se sumaron a la fecha:

Tabla 3. Secretarios Generales de FUERSA

1. Zepeda Hernández Juan Carlos. SUTCECYTEG
2. López Guillermo Adán. (INEA) SNTEA
3. Tapia Hernández Antonio. SUTCAPECE
4. Hernández Díaz Iván. Sindicato Independiente del Conjunto Turístico Jacarandas
5. Adame Bello Marco Antonio. SUTCOBACH
6. Pineda Gutiérrez Rafael. STACONALEP
7. Dionisio Romero Javier. STSDIFGRO
8. Morales Palma Alejandro. STTAISUAG

9. Armenta Serna Francisco. CECYTEG
10. Bahena L. Alberto. Sindicato Independiente de los Trabajadores del H. Ayuntamiento de Iguala
11. Tacuba Rodríguez Francisco. Asociación de Jubilados y Pensionados del Gob. del Edo. de Guerrero
12. Chávez Romero Visencio. Confederación de Jubilados, Pensionados y Adultos Mayores de la Republica Mexicana AC
13. Hernández Navarrete José María. STAUAG
14. Navarrete Peña José Luis. FUERSA
15. Flores Campos Adalberto. Jubilados por Decreto del Estado de Guerrero

Tras la experiencia compartida por el Secretario General de FUERSA, es por demás evidente la importancia de la participación del SUTCOBACH en este colectivo de sindicatos. Así como es importante que el SUTCOBACH participe a nivel nacional en la Unión Nacional de Trabajadores por los derechos y obligaciones que representa, lo es participar de manera decidida y comprometida a nivel estatal, pero no sólo de manera individual como sindicato, sino contribuyendo al fortalecimiento del sindicalismo en la entidad. La participación en FUERSA contribuye a fortalecer en la unidad de los trabajadores por encima de cualquier interés de grupo o partidista, nada ni nadie antes que el interés colectivo, esta experiencia demuestra que la unión realmente representa la fuerza.

5

La historia del SUTCOBACH a través de sus dirigentes

Hasta este punto, se ha dado un panorama del sindicalismo nacional y del Colegio de Bachilleres en Guerrero, todo ello para propiciar al lector el situarse en tiempo y espacio acorde a las condiciones que dieron vida a la Asociación del Personal Académico del Colegio de Bachilleres del Estado de Guerrero. A continuación se presentan los testimonios de quienes vivieron y fueron actores fundamentales en la historia del sindicato.

5.1 Orígenes de la APACOBACHEG

La historia inicia en el origen mismo del Colegio de Bachilleres. Desde ese momento, académicos y administrativos han buscado el avanzar y consolidarse de manera institucional salvaguardando los derechos fundamentales de los trabajadores. De esta manera, prodigando certezas a quienes se sumaban a la familia COBACH, se garantizaba que dieran lo mejor de si a la naciente institución a favor de una mayor calidad en educación Media Superior.

5.1.1 Ascensión Sandoval Cruz

El profesor Ascensión Sandoval Cruz participó en el movimiento que dio origen a la Asociación del Personal Académico del Colegio de Bachilleres. Fue

Presidente del Consejo Normativo y de Evaluación de la APACOBACHEG en el periodo 1987-1990. Ha desempeñado cargos de confianza en la Dirección General, Actualmente es catedrático del Plantel Número 1 Chilpancingo.

¿Quién era Gobernador del estado cuando surge el Colegio de Bachilleres, qué recuerda usted de la situación política que vivía Guerrero y cómo se relacionaba esta con el movimiento por la organización sindical?

En palabras del Maestro Ascención Sandoval, la situación política era problemática en relación a la situación laboral y presupuestal de la Universidad del Estado de Guerrero, principal tema de preocupación sindical en aquellos años del Gobernador Don Alejandro Cervantes Delgado.

¿Por qué considera que se fue creado el Colegio de Bachilleres?

El Colegio de Bachilleres ve sus orígenes como respuesta a la necesidad académica de contar con una alternativa diferente que permitiera a los jóvenes su ingreso a las universidades del país. La juventud necesitaba de nuevas opciones educativas, de una que garantizara puertas abiertas a la educación, y que pudiera ofertarse en el medio superior con la gama de posibilidades de ingresar al nivel superior con mayor solidez en su formación.

¿Cómo ingresó usted al COBACH?

He de decir que fue una distinción el recibir invitación especial para crear el área cultural del naciente Colegio de Bachilleres. Varios profesores fueron convocados de esta manera y aceptamos con honor este encargo.

¿Cuál era la actitud de los directivos hacia los trabajadores?

La actitud de los directivos en aquel tiempo, encabezados por Don Andrés Peralta Santamaría, Director General, fue de un total compromiso por crear una institución en la que no se permitieran políticas laborales que impidieran la aplicación correcta de los programas de estudio. Se buscaba un estricto respeto a la actitud laboral de los trabajadores. Podríamos decir que fue una política de diálogo y concertación para que se pudiera garantizar el mejor ambiente laboral.

¿Cómo eran los salarios y qué prestaciones tenían?

Los salarios efectivamente eran muy bajos. Trabajar en el Colegio de Bachilleres en los primeros 3 años era un privilegio, un honor. El salario era simbólico. No podemos hablar de un salario como existe en la actualidad. Quienes trabajábamos ahí, lo hicimos porque creíamos en la juventud guerrerense, creíamos en el Colegio de Bachilleres como una alternativa educativa.

¿Cómo surgió la organización sindical en el COBACH?

La Organización Sindical se crea por la manera en que nos fuimos sumando jóvenes profesionistas a trabajar en el COBACH. Como es natural, necesitaba garantizarse la seguridad laboral, la permanencia en el trabajo al que tienen todo el derecho los mexicanos y que está bajo la Constitución de nuestro país. Esto hizo que se determinara crear una organización sindical, que velara por los intereses de los trabajadores. Una organización compleja en su funcionamiento, en virtud de las normatividad de cómo se crea el Colegio de Bachilleres y de la diversidad de miembros que continuaban sumándose al Colegio. No obstante, en la búsqueda de alternativas se consigue un consenso de crear no un sindicato, sino una Asociación del Personal Académico que permitiera brindar seguridad ante la Junta de Conciliación y Arbitraje a los trabajadores, pero también presentara una nueva forma de organización laboral.

¿Cuál fue la posición de la Dirección General del Colegio de Bachilleres con respecto a la creación de la organización sindical?

Hubo total acuerdo y disposición de la Dirección General del Colegio de Bachilleres. En realidad fue un acuerdo en que el personal académico le presentó al Director General la petición formal de que . . . "tenemos que tener ya a tres años de formación del Colegio, una seguridad laboral y un organismo que coadyuve en la política educativa para poder conformar al Colegio de Bachilleres con más solidez viendo a futuro" . . . para que, "el Colegio se consolidara en el estado de Guerrero como una alternativa educativa del nivel medio superior".

¿Recuerda usted el primer congreso sindical donde se crea la APACOBACHEG?

El primer congreso sindical de la APACOBACHEG se convocó y efectuó en las instalaciones del Teatro María Luisa Ocampo en la ciudad de Chilpancingo. Ahí tuvo lugar validándose con la llegada de todos los delegados que resultaron electos en cada uno de los planteles. Eran 16 planteles, no más. Fue un congreso importante, por la experiencia de algunos compañeros que participaban en sindicatos como el SNTE, el Sindicato de la Universidad, otros sindicatos relacionados con el sector educativo, y el SUSPEG. Y bien, todos aportaron su parte de experiencia, visión, y con esto los profesores del Colegio de Bachilleres crean la Asociación del Personal Académico. Aún recuerdo al maestro Gálvez del Plantel 3 de Iguala, quien fuera el primer coordinador general. Con la APACOBACHEG lo que pretendíamos era tener un organismo laboral que defendiera nuestros derechos laborales, y aún más allá de defender los derechos laborales, que garantizara la permanencia laboral de los profesionistas que ya empezábamos a crear cierta antigüedad en el Colegio. El mayor logro fue la firma de las Condiciones Generales de Trabajo y el respeto hacia la antigüedad a los compañeros y la forma de contratación del personal.

¿Alguna anécdota que quiera comentar?

Mientras habíamos algunos maestros quienes luchábamos por crear un organismo dentro de la normatividad, que defendiera a los trabajadores, como siempre había ciertas posiciones radicales de personas—que existe lamentablemente en todas las instituciones-, quienes creían que el sindicato debía ser para defender la falta de responsabilidad con el trabajo y la ineptitud. Ellos, quienes escudan su falta de compromiso en falsas consignas, viven a través de lo que llamo el *sindicalerismo*.

¿Qué opinión tiene usted del SUTCOBACH?

Creo que el sindicato atraviesa por una crisis política—el actual sindicato—porque nuevamente se empiezan a ver, algo que de suyo es nocivo para el sindicalismo en México, que es la lucha por el poder, la búsqueda de la permanencia de ciertas corrientes. Considero que eso va en contra de lo que debiera ser un sindicato, que es el defender a quienes realmente trabajan. Esto lo comento de manera breve, los sindicatos han sido forjados para defender a los trabajadores y no como un escudo de quienes los liderean.

Esta ha sido la participación de Ascensión Sandoval que refleja con su muy particular estilo, la evolución del SUTCOBACH. El profesor Sandoval Cruz es actualmente catedrático del Plantel 1 Chilpancingo.

5.1.2 Régulo Anaya Rodríguez

El profesor Regulo Anaya Rodríguez participó en la organización que dio origen a la Asociación del Personal Académico del Colegio de Bachilleres. Fue Vicepresidente del Consejo Normativo y de Evaluación de la APACOBACHEG en el periodo 1987-1990. Se ha desempeñado como funcionario administrativo del Colegio de Bachilleres, colaborador en varias ocasiones de diferentes directores generales. Actualmente, es catedrático del Plantel Número 1 Chilpancingo.

¿Quién era Gobernador del estado cuando surge el Colegio de Bachilleres, qué recuerda usted de la situación política que vivía Guerrero y cómo se relacionaba esta con el movimiento por la organización sindical?

Para iniciar, he de decir que yo, Régulo Anaya soy uno de los fundadores de la APACOBACHEG. En 1983 se fundaron 5 planteles en el estado, el plantel 1 Chilpancingo, el plantel 2 Acapulco, el plantel 3 Iguala, el plantel 4 Taxco, y el plantel 5 Coyuca de Catalán. Debo decir que los planteles surgieron debido a la crisis que existía en la UAG, por el problema de pagos generado por la creciente incertidumbre al interior de esa casa de estudios, muchos maestros de la Universidad ingresaron al Colegio de Bachilleres. Dos años antes de la fundación del Colegio de Bachilleres del Estado de Guerrero, se venía haciendo ya la gestión. El Colegio se creó con gente del pueblo de Chilpancingo, entre ellos Ernesto Estrada quien hizo promoción y gestiones ante el entonces gobernador, Alejandro Cervantes Delgado, quien vio con buenos ojos la posibilidad de crear un COBACH. Fue así como el Colegio de Bachilleres fue creado, por iniciativa del pueblo, y con la finalidad de que se tuviera un nivel medio superior de calidad que diversificara las opciones a la fecha existentes. Todo ello sucedió en 1983, el 10 de octubre se iniciaron clases, y no fue, como algunos piensan, una estrategia meramente política. Antes bien, nos pronunciábamos por brindar una solución a los jóvenes a su paso por la educación media superior.

¿Por qué considera que se fue creado el Colegio de Bachilleres?

Se planteó al Lic. Andrés Peralta Santamaría, que era Subsecretario de Gobierno de Desarrollo Social, impulsar un proyecto educativo para el estado de Guerrero. Andrés Peralta era universitario, licenciado en derecho. El estudió y reprodujo algunas cuestiones de los reglamentos y de la Ley Orgánica de la UNAM, y a partir de ahí se fue materializando el proyecto, con maestros universitarios pero también con jóvenes. Por ejemplo, el plantel 1 se creó con José Luis Adame Ávila, que aunque muy joven, era ya ingeniero y era también muy capaz. Otra de las personas que recuerdo es Silvio Olguín de la Cruz, que Venía de la ciudad de México y le tocó la suerte de dar clases. También estaban José Luis Bello Vidales, abogado, que atendía Sociales en el plantel 1. Entre otros que quisiera aquí recordar, figuran Ignacio de Dios Cupido, porque era un notable maestro de química, el maestro Camerino Reyna Torres y otros tantos maestros que han sido muy destacados. Lo que debo decir es que hoy, considero, la noble labor de los maestros se ha visto disminuida, dando cabida en la actualidad a aquellos que logran ingresar por compadrazgo o amiguismo. Ya no es como solía ser, que ingresaban maestros probados, o que habían hecho examen de oposición, o que poseían las prendas académicas que avalaran su formación.

¿Qué mecanismos se utilizaron en el proceso de selección del personal académico?

De manera central, eran evaluaciones curriculares, con especial énfasis en las entrevistas. Cuando se seleccionó el personal, tuvimos pláticas previas con el Director General, en ese entonces Andrés Peralta Santamaría. En ellas se nos preguntaba acerca de nuestro perfil académico y profesional, se nos hacían las entrevistas correspondientes y hablábamos de nuestras experiencias, de nuestra capacidad y del deseo y disposición de trabajar, pero sobre todo, debíamos conocer y comprender qué pretendía Colegio de Bachilleres a futuro, para adentrarnos en la filosofía del Colegio.

¿Cuál era la actitud de los directivos hacia los trabajadores?

En el plantel 1 Chilpancingo, tuvimos una directora que se llamó Martha Herrera Delgado, que era una mujer muy enérgica pero muy humana y capaz a la vez, que dio un impulso muy grande al Colegio. En Chilpancingo se empezó a laborar, con turnos matutino y vespertino, donde actualmente se encuentra la

Universidad Pedagógica Nacional (UPN). Los maestros eran maestros probados, quienes ingresaban a dar clases ahí era porque tenían capacidad, y contaban con un alto perfil y sobre todo conocían ya la problemática de Bachilleres.

¿Por qué se funda la APACOBACHEG?

Este sindicato surgió como un tipo de juego político, pero un juego sano y leal entre hermanos, entre gente propiamente del Colegio donde no metía las manos el Secretario General de Gobierno como en la actualidad, donde el gobierno pone y quita a su voluntad a quienes les dice que tienen que hacer.

¿Cómo se formó la APACOBACHEG? Recuerdo aquel febrero del 87, como tú sabes, cuando ya los Colegios inician su crecimiento, cuando creció la planta docente, los trabajadores nos aglutinamos, primeramente con Gerardo Gálvez Vázquez, en las canchas antiguas de básquetbol de la Universidad Autónoma de Guerrero. En aquel momento, alguien nos vio y dijeron que estábamos conspirando.

El Director General entonces requirió la presencia de quienes nos habíamos "insubordinado", y hubo un directivo, que asumió el papel de la descalificación e intriga, mismo que hasta la fecha esta en nuestras filas, nosotros, quien nos acusaba de estar en contra del Colegio. Se equivocaba, lo que aquel grupo reunido en las instalaciones de la UAG buscaba, el ideal que perseguíamos era el de formar un gremio o que se formara un grupo de representación del trabajador ante las autoridades del Colegio. En un principio no sabíamos ni cómo queríamos que se llamara, había pocas certezas, el cómo se lograría la convergencia de tan diversos perfiles de los compañeros, pero lo que si sabíamos era qué queríamos, necesitábamos un sindicato. Se nos dijo que no era posible el conformar un sindicato, no bajo esa denominación o atribuciones, porque aquí en el estado de Guerrero existe la ley 52 y esa ley remite a todo trabajador del estado al SUSPEG, en aquel entonces conocido como el SUTSEMODEG. Afortunadamente, nos dimos cuenta de que nuestro techo financiero, el que cobija al COBACH, no es estatal sino federal, nos pagan los dos, y en ese entendido, si tenemos derecho a un sindicato. Fuimos llamados por el Director General, el Lic. Andrés Peralta Santamaría. Acudimos junto con José Luís Adame Ávila, Gabriel Ortiz Bernal, y otros más que no recuerdo. Ascensión también estuvo ahí, y como de costumbre se hacía presente aún cuando no se le requería, siempre interrumpiendo en todo y con la falta de un conocimiento real de lo que eran las cosas, de lo que realmente se pretendía. Comenzamos a visitar escuelas, nombramos delegados y convocamos a un congreso estatal.

En el congreso se nombró la primera APACOBACHEG que inició funciones en 1987, teniendo como su primer líder a Gerardo Gálvez Vázquez. Gálvez era un hombre que, cuando lo conocimos, cuando iniciaba en la lucha sindicalista, era muy incipiente en la política. Recibió nuestro reconocimiento e impulso de manera muy limpia. Lamentablemente hoy "ya ha torcido los hilos" (desviado el camino), porque busca otros intereses, ajenos a los del sindicato y que atienden a sus necesidades personales. Me parece que es hasta compadre del Secretario de Gobierno. Volviendo al congreso de la APACOBACHEG, en 1987, debo precisar que esta asociación se formó para defender los intereses de los trabajadores, para que al trabajador se le protegieran sus horas, para que al trabajador se le garantizaran condiciones de vida dignas, para que el trabajador tuviera casa, para que el trabajador pudiera tener un sustento mejor para sus hijos.

La APACOBACHEG nació entre amigos, surgió entre gente que se interesaba en el colegio, no existieron intereses ajenos u oscuros. Más adelante, en 1999, se formó el SUTCOBACH. Este sindicato se constituye entre los años 1999 y 2000, y hasta la fecha no cuenta con un registro o acreditación, por ahí nos hemos enterado que hasta el día de hoy no está reconocido. A este SUTCOBACH lo manejan unas cuantas personas que se van rotando los puestos. Algunos tienen más de 20 años en el poder, y ahí continuarán porque han encontrado su forma de vida y sustento. Tan es así que penosamente hicimos y nos adherimos a una huelga en noviembre del año antepasado (2006), de la cual nunca tuvimos claros sus objetivos. Dicha huelga se perdió y quienes pagamos la derrota fuimos los trabajadores porque nos descontaron el 40 por ciento de nuestro salario. Esto es sin duda alguna lamentable, porque claramente refleja la falta de pericia en las negociaciones, la carencia de habilidades en la búsqueda de arribar a consensos de la dirigencia, situación que es desconcertante dado que ni siquiera saben ellos dialogar, acordar o negociar en beneficio de los agremiados de este sindicato.

Muchos hemos salido del sindicato, nos hemos retirado porque, pienso que un sindicato debe defender al trabajador, ayudarle, y esto ya no lo veo reflejado en SUTCOBACH. Yo al Lic. Jesús Alberto Jaramillo Rodríguez lo conozco desde siempre, él fue el tercer secretario general de cuando se llamaba APACOBACHEG. Quiero recordar aquí que este sindicato, cuando alguna vez me preguntaste en aquellos tiempos, y tuvimos la oportunidad de conversar, se hizo con la finalidad de que se velara los intereses de todos los agremiados del COBACH. Cuando fui directivo siempre cuidamos la asignación de horas, la antigüedad. Cuando formamos la APACOBACHEG, incluso fuimos expuestos a proposiciones que buscaban distorsionar el fin último del sindicato, y de ninguna manera aceptamos, los que ahí estábamos sólo buscábamos la conformación de la APACOBACHEG, para que sirviera y protegiera a los maestros.

¿Cómo eran los salarios y qué prestaciones tenían?

Cuando esta asociación se conforma, eran 16 planteles oficiales y 3 planteles por cooperación, los planteles oficiales se pagaban con un techo financiero federal y estatal, parte que no cumplía el estado, ni ha cumplido de manera total, con el 50 por ciento que le corresponde. Los planteles por cooperación subsistían de una forma muy precaria. En aquel entonces ganaban 45 o 50 pesos la hora semana-mes y se mantenían con tres mil pesos que les daba el Presidente Municipal. Nuestros sueldos nunca se han homologado, nunca se han podido homologar, precisamente porque los sindicatos no lo han querido. Hoy se está en la posibilidad de que nos homologuemos con el Politécnico, y no ha sido posible porque muchos de ellos (los candidatos a la dirigencia del SUTCOBACH) que están para la homologación no tenían ni tienen documentos con que comprobar así que deciden no luchar por el común de los trabajadores y mantenernos en esta situación.

¿Qué motivó la organización sindical?

Fue iniciativa mía (Régulo Anaya)y de algunas personas que buscamos tener una organización para que pudiéramos proteger los intereses de los maestros. No había grandes dificultades, pero si había muchos grupos, muchos planteles. Entonces necesitábamos asociarnos para poder exigir nuestra nivelación de pago, mejores salarios, mejores condiciones de vida. De ahí se creó el Contrato Colectivo de Trabajo, que es el que rige las prestaciones, los pagos, los sueldos, y las categorías. Esa fue la demanda suprema, por lo que tanto se luchó, por el derecho a contar con un Contrato Colectivo de Trabajo.

¿Cuál fue la posición de la Dirección General del Colegio de Bachilleres con respecto a la creación de la organización sindical?

Como éramos Asociación Civil, las asociaciones civiles no tenían derecho a huelga. Ya cuando se nombra la APACOBACHEG, debo reconocer que a ese momento me he retirado un poco, desconozco con precisión de los mecanismos de funcionamiento interno actuales. Lo que sé, es que se han adherido al gremio nacional de los sindicatos del Colegio de Bachilleres. Lo que noto, y denoto, es que están dispersos a nivel estatal, porque incluso ya hay estados que han logrado la homologación gracias a que hay acuerdos entre ellos. Aquí, por ejemplo, los compañeros dicen que se debe a que les dan dinero a las cúpulas y hay arreglos entre ellos para postergar la solución definitiva, y a los trabajadores nos van relegando. Actualmente hay un fondo de alrededor de 14 millones para Guerrero que todavía no definen, si es para homologación o bono. Ellos (los dirigentes) no quieren la homologación porque no son titulados, no cuentan con el aval académico que otros si poseemos, y entonces a ellos no les llegaría el beneficio, porque para que seas homologado tienes que tener titulo, antigüedad y eficiencia en el trabajo y eso, como queda claro y manifiesto, es lo que les hace falta a muchos de ellos.

¿Qué opinión tiene usted del SUTCOBACH?

Considero que debería haber un cambio, una reestructuración de manera integral. Que llegue gente joven, preparada, sin corrupciones, gente que no esté comprometida con el gobierno para que esto mejore, para que el sindicato cumpla con su compromiso ante los trabajadores, de velar de manera permanente por sus intereses y en su beneficio. Pienso que debe haber una resolución, reconstitución, un reacomodo donde se quiten atribuciones a aquellos que han abusado del sindicato, quienes están dentro (del sindicato) desde hace 20 años y continúan manejándolo, respaldados por supuestos compadrazgos con funcionarios como el Secretario General de Gobierno. Queremos que esta clase de gente saque las manos. Queremos gente joven, que se renueve el sindicato, con nuevas ideas, con nuevas expectativas para el trabajador.

¿Usted fue director de algún plantel?

Yo fui subdirector del plantel 1 Chilpancingo. Siempre fui respetuoso con el sindicato; aunque no debo negarte que como yo formé la APACOBACHEG me sentía comprometido con los compañeros, y siempre di cobertura para que dentro de los términos legales se resolvieran los conflictos que llegaron a presentarse. Cuando fui subdirector tenía muy claro que venía de las bases y, por lo tanto, tenía el compromiso con las bases, siempre respetando los lineamientos del COBACH en cuanto a los requerimientos y calidad académica.

—

¿Alguna anécdota que quiera comentar?

Voy a contar una anécdota muy bonita. Antes era tanta la amistad, la camaradería y la comprensión entre maestro y alumno, que siendo subdirector ordené—porque así es la palabra correcta—al maestro Ignacio de Dios Cupido que pidiera a un muchacho que se saliera del aula donde estaba presentando un examen. ¿La razón? Se pedía que en el examen portaran el uniforme de gala y llevaran la credencial. Ese joven vestía tenis que se usan para educación física. Cuál sería mi sorpresa al descubrir, que cuando regresé al aula, aquel adolescente calzaba ya unos zapatos anchos y brillosos, de un modelo formal, como los que usamos los adultos. Entonces miré al maestro Cupido, quien portaba ya los tenis sucios del muchacho. Lejos de enojarme o de llamar la atención, sonreí, ya que esto era el claro ejemplo de que lo que existía era camaradería y una comprensión grande. Alumno y maestro se identificaban, se comprendían, se ayudaba al alumno porque lejos de sacarlo, el profesor le prestó sus zapatos. Fue un acto bonito, simbólico que mostraba la enorme camaradería existente entre jóvenes y profesores.

¿Algo más que quiera agregar?

Es imperante resaltar que este COBACH (plantel 1 Chilpancingo) es uno de los más antiguos del estado, cumplimos 25 años en octubre de 2008. Yo considero que quien funge como director en los planteles, debe ser primeramente una persona capaz, probada, que quiera al COBACH, que cuente con el perfil académico y profesional requerido, porque no es fácil manejar COBACH plantel 1. Si la administración del colegio no se ejerce de manera responsable y con conocimiento de las repercusiones, de las condiciones imperantes, el colegio se va para abajo. Hoy nos damos cuenta de cómo ha crecido el Colegio, y de cómo lucha la gente por ingresar al COBACH, cómo esa gente prefiere venir al COBACH que irse al CBTIS y otras partes. Aquí podemos darnos inclusive el lujo de seleccionar y de elegir de entre más de 2 mil estudiantes, los novecientos que consideramos tienen mejores capacidades académicas. Así que considero que el director que llegue a COBACH debe tener la capacidad, la calidad y el perfil para que nos atienda tanto a maestros como a alumnos, y armonice los trabajos, no solamente trabajos administrativos, sino académicos también.

5.1.3 Ángel Peralta García

El profesor Ángel Peralta García participó en la organización que dio origen al Sindicato Independiente de Trabajadores del Colegio de Bachilleres de Guerrero, antecedente de la APACOBACHEG. Fue Coordinador de Educación Sindical en el periodo 1990-1993, y asesor de los comités ejecutivos de 2002-2006 y 2006-2009.

¿Quién era Gobernador del estado cuando surge el Colegio de Bachilleres, qué recuerda usted de la situación política que vivía Guerrero y cómo se relacionaba esta con el movimiento por la organización sindical?

Estamos hablando de la época de Alejandro Cervantes Delgado, él fue quien trajo a Guerrero este proyecto. Lógicamente habría que descubrir que es lo que hay tras una política educativa de este tipo. Lo que se pretendía era desmantelar, o al menos restar fuerza, a las escuelas preparatorias de la Universidad Autónoma de Guerrero. En ese tiempo sobre todo, era vista como una institución que cultivaba guerrilleros. Se decía que era gente contestataria, con una visión distinta al proyecto de gobierno de aquel entonces. En ese contexto Alejandro Cervantes Delgado, trae a Guerrero este proyecto de Colegio de Bachilleres, y para muestra, existe una placa donde hay un reconocimiento hacia él en el sitio donde antes era la escuela Primer Congreso de Anáhuac, que hoy alberga a las oficinas de la Dirección General. La estrategia era la de debilitar el movimiento creciente de la universidad, por ser la única institución que ofrecía educación en el nivel medio superior. Habrá que recordar que entonces las autoridades estaban muy preocupadas, por ver cómo los jóvenes se incorporaban a estas escuelas donde se les cultivaba con una visión crítica. La situación política que prevalecía era matizada por idearios político—ideológico que el rector trajo a Guerrero: el proyecto de universidad pueblo. En ese tiempo, Rosalío Wences Reza era el rector de la UAG, y, lógicamente, era un proyecto de avanzada que buscaba establecer un vínculo entre la universidad y la comunidad. Fue en ese entonces cuanto se hizo evidente la vinculación entre la universidad y extensión universitaria, el nexo entre universidad y ciudadanía, debido a los movimientos que, de una u otras forma, se venían generando en el estado.

¿Cómo ingresó usted al COBACH?

Se dio un fenómeno bastante curioso. Resulta que el primer director del COBACH fue Andrés Peralta Santamaría, entonces el apellido yo lo utilicé como una especie de *ganchito* para ver la posibilidad de *colarme*, entonces llegué y pedí audiencia con el señor. En ese entonces no se hacía examen de oposición. Le dije, dicen que en Guerrero hace años sólo había tres familias Peralta, ojalá y tengamos cierto parentesco, porque entiendo que este proyecto que encabeza usted es un proyecto de avanzada, dije un poquito *colmilludamente*. A pesar de que en aquel entonces yo todavía no tenía la experiencia, no nada más en las aulas sino también en la vida sindical, y en la vida social. Entonces yo entendí que en aquel momento él se dejó llevar por esa idea, e inmediatamente me ofreció siete horas en el Plantel Número 1 de Chilpancingo. Me preguntó sobre mi formación, yo le dije que era formado en el área de ciencias sociales y así entré al Colegio de Bachilleres. Seguramente más temprano que tarde se iba a arrepentir porque, *pues* jamás se imaginó que no íbamos a esperar mucho tiempo para intentar organizarnos y formar este sindicato.

¿Qué mecanismo se utilizó en el proceso de selección del personal académico?

En esa época como te refiero no había un mecanismo de selección, incluso la indicación del gobernador, era de que se contratara gente, decían ellos, no problemática, que estuviera lo menos vinculada con la universidad, y si fueran gente que no tenían nada que ver, mejor. Entonces no había proceso de selección, pero también no había mucho de donde elegir, quienes fuimos de una u otra forma contratados por el COBACH veníamos de las filas universitarias, nuestra formación era esa. Incluso eran los mismos planes y programas de estudio que se manejaron en el COBACH.

¿Cuál era la actitud de los directivos hacia los trabajadores?

Lógicamente los directivos se sentían como los patrones, no se veía como una unidad escolar, el director era justamente el que ponía la autoridad. Hoy entiendo que estas cuestiones han cambiado, mismo en Colegio de Bachilleres, existe ya una especie de consenso al interior, entre maestros y alumnos, y hoy es distinto designar a las autoridades, distinto respecto al esquema anterior. Antes únicamente nos llegaban los directores y *pum este porque lo dijeron de arriba*. En consecuencia la relación era muy vertical, tipo patrón y nosotros los trabajadores.

¿Cómo eran los salarios y qué prestaciones se tenían como trabajador?

Aquí en el estado de Guerrero, hemos tenido los salarios más bajos, sin embargo el COBACH actualmente está por encima de los salarios que se perciben en la universidad. Alguien tiene veinte horas en el COBACH, gana más que un trabajador de veinte horas en la universidad. En aquel entonces digamos que COBACH no era tan atractivo, pero este al menos como una fuente más de ingreso si se convertía en una atracción para los maestros.

¿Qué motivó a la Organización Sindical?

Considero que todos los movimientos sociales son una lección histórica. Después de que tanto golpean al trabajador, llega el momento en el que el trabajador ya no aguanta, llega el momento en que te das cuenta de que ni siquiera seguridad social teníamos, nada garantizado, nadie era de base. Este es un asunto importante, todos teníamos contratos que eran renovados de manera permanente, y si en algún momento se dejaba de ser del agrado del patrón al otro semestre ya no se le contrataba y, en consecuencia, fueron las condiciones de inseguridad laboral las que crearon los niveles de conciencia para que los maestros dijeran, *ah caray "nosotros que no venimos de una formación universitaria"*. Entonces muchos de nosotros dijimos, *vamos a ver al menos que respuesta podemos tener*. Debo admitir que era luchar contra un poder grandísimo, como a veces dicen los corridos, luchar contra el gobierno es una lucha dura pero lo intentamos. Las razones por las cuales constituimos este sindicato eran un poco para poder tener garantía en nuestra relación laboral y mejorar efectivamente, no tan sólo nuestros salarios sino los propios esquemas de contratación. No era posible que siguiera igual, puesto que no había exámenes de oposición. Empezó a llegar gente que sin mayores perfil ni preparación, sólo tenían como mérito el ser compadre o amigo de la gente que estaba ahí.

¿Qué papel jugó el Sindicato Nacional de Trabajadores del Colegio de Bachilleres (SINTCB) en la organización gremial?

Ignacio Rojo era el Secretario General del Sindicato Único de Trabajadores del COBACH a nivel nacional, y debo decir que tuvo una gente muy importante.

Tuvimos que acudir y basarnos en la experiencia de ellos, a tal grado de que incluso se convirtió en una especie de asesor político sindical. Incluso en las negociaciones habrían de establecerse para que se reconociera el sindicato, tuvimos que traerlos para que se entendiera que si el Gobierno del Estado no quería reconocer al sindicato iba a aparecer ante los ojos del mundo entero como un gobierno déspota, no ilustrado. En ese entonces tanto el gobierno de Alejandro Cervantes, como el gobierno de Ruiz Massieu posteriormente, se les identificaron comparándolos con los otros gobiernos de Guerrero como gobiernos *déspotas*. A nosotros nos interesaba que a ellos, la comunidad nacional e internacional, efectivamente los viera en función y la respuesta que tenían respecto a que iban a hacer, a tolerar al sindicato independiente de nosotros o reprimirlo.

¿Qué maestros recuerda que participaron en el proceso de la organización sindical para la formación de la APACOBACHEG?

Debo decir que en aquel entonces se contaba con una planta de maestros cercana a los 600 profesores. Me refiero a que se nació sólo con seis planteles y en cada plantel pues el número máximo era primero de 20. Al siguiente año el COBACH tenía ya cierto prestigio, y la contratación de maestros se elevó. Por citar algunos, el maestro Rutilo Guzmán, que entiendo sigue siendo uno de los pilares en la Preparatoria Número 1; el maestro Benito Alberto Ucan; el mismo maestro Jesús Alberto Jaramillo Rodríguez de Tixtla; varios maestros de Acapulco, que es curioso que en un centro turístico pueda haber gente que tenga una visión distinta y que quiera caminar junto a la comunidad, pero, por ejemplo recuerdo a varios compañeros la verdad sería muy difícil que los nombrara a todos.

¿Cuál era la posición de la Dirección General del Colegio de Bachilleres con respecto a la creación de la organización sindical?

Lógicamente ellos se opusieron, y además tenían la línea de que no deberían dejar nacer a este sindicato, a esta organización sindical y por lo mismo ellos (los directivos) crearon una organización paralela. Debo decir que nosotros nacimos no como APACOBACHEG, nacimos como Sindicato Único de Trabajadores del Colegio de Bachilleres de Guerrero. Fui el primer Secretario General. Pero, justamente debo abrir un pequeño paréntesis, decir que por ejemplo Luis Althusser decía que la misma filosofía no era más que la lucha de clases en terrenos de la teoría. Entonces aquí también ocurría lo mismo: el gobierno tenía una concepción política-filosófica, diría yo, de tal forma que no podían dar entrada al nacimiento de un nuevo sindicato con características de izquierda. Incluso a nosotros se nos empezó a designar, poniendo adjetivos, como del *sindicato rojillo hijo del STAUAG,* que en ese entonces era el único sindicato más o menos independiente y autónomo. Entonces, lógicamente se opusieron. Crearon una organización alterna que es la APACOBACHEG, nosotros éramos 600 trabajadores, y en el Sindicato Único de Trabajadores del Colegio de Bachilleres de Guerrero teníamos cuatrocientos. Esto quiere decir que quedaban al margen, por cuestiones de definición o porque fueron contratados directamente por gente cercana a las autoridades, alrededor de 200. Ellos se incorporaron al sindicato que formó el gobierno, a la Asociación de Personal Académico, es decir una asociación sindical alterna y a ellos se les dio el reconocimiento.

¿Cómo recuerda usted el primer congreso sindical donde se crea la APACOBACHEG, en qué fecha se llevó a cabo el congreso, quiénes participaron, qué pretendían y qué logros tuvieron?

Yo creo que les pasa a todos los líderes de todos los movimientos, el que se crea una situación de mucha esperanza. Antes del congreso real, de la fecha del congreso, nosotros pensábamos que íbamos a tener una presencia de más de 200 delegados, y sólo llegaron alrededor de 50 o 60 maestros, muy valientes, muy bien posicionados, como gente autónoma, de libre pensamiento. Nuestras autoridades se burlaban, "mira si son 600 trabajadores y están 70", pero lo que no pensaron es que esos 70 eran justamente de los activistas más importantes que se tenían en los distintos planteles, y la verdad es que llegaron y en el momento en que nosotros surgimos como sindicato y empezamos a afiliar y a crecer como organización.

¿En qué fecha se llevó a cabo el Congreso?

El 20 de febrero de 1987. Se pretendía, lógicamente, constituirse en un organismo de defensa de los derechos de los trabajadores que implicaba que, si tú ya tienes más antigüedad hay que crecer en número de horas, y no era justo que siguiera llegando gente nueva contratada. No existía gente profesionalizada, este concepto hoy se convierte en uno de los conceptos clave en términos de que quien está solamente dedicado a una institución entrega toda su capacidad, se dedica exclusivamente a trabajar y le puede dar no tan sólo prestigio, sino realmente un nivel académico creciente a la institución. Entonces por un lado eran esas cuestiones y por otro lado, pues, era el deseo de dejar alguna huella a tu paso.

¿Alguna anécdota que quiera contar?

Hay muchísimas definitivamente, pero entre las más importantes, creo que eso es lo que vale, pudiera elegirse la siguiente: la inteligencia que tuvieron los trabajadores del Sindicato que se conformó al principio (Sindicato Único de Trabajadores del Colegio de Bachilleres de Guerrero) y que después la APACOBACHEG, en *contubernio* con el gobierno, quiso aplastar. Nosotros fuimos muy inteligentes o el movimiento fue muy inteligente porque lo que hicimos es perfecto. Como ya nacimos como sindicato el gobierno dijo *hay que hacer nuestro propio sindicato,* formó su propio sindicato nosotros no nos desintegramos y nos afiliamos al nuevo sindicato que formó el gobierno y sólo bastó para que esperara a que se nombraran a los nuevos dirigentes y le ganamos la dirección. A la fecha sigue siendo un sindicato con una posición de izquierda, creo que es una posición muy importante.

¿Qué opinión tiene usted del SUTCOBACH?

Yo creo que como todos los sindicatos vamos a observar la presencia no de esquiroles, porque hoy ya se cuidan mucho de no quedar adjetivados en ese nivel, pero sí de gente que mina el trabajo del sindicato. Yo creo que el actual sindicato está haciendo un papel muy importante pero de que el gobierno no deja de hacer lo suyo, no permite al sindicato jugar su papel, utiliza a la gente que está dentro del sindicato para desprestigiar y tratar, en la medida en que se pueda, de irle dando un rostro distinto. Yo creo que este sindicato nació para ser un sindicato de defensa muy digno, y debe seguramente de continuar en esa perspectiva, yo creo que está desempeñando un buen papel.

El Profesor Ángel Peralta García es actualmente trabajador de la Secretaría de Educación Guerrero, Se marchó de la institución en el año de 1993, regresó como asesor de El Comité Ejecutivo del SUTCOBACH en los periodos del Lic. Leonardo Castrejón Álvarez y del Mtro. Marco Antonio Adame Bello, se retiró en el mes de septiembre de 2009.

5.1.4 Ezequiel Barrera Flores

El Maestro Ezequiel Barrera Flores fue Secretario Académico del Colegio de Bachilleres del Estado en el periodo 1986-1988. De 2002 a 2006, Presidente de la Comisión de Honor y Justicia, y actualmente, Secretario Académico del Comité Ejecutivo del SUTCOBACH 2006-2010.

¿Por qué considera usted que se creó el COBACH?

Yo considero que se crea el Colegio de Bachilleres, de alguna manera, como resultado de la situación que se daba entre el Gobierno del estado y la Universidad Autónoma de Guerrero, había que buscar los equilibrios, después de todo, en nosotros (el COBACH). Recordemos que el Colegio de Bachilleres se crea el 10 de octubre de 1983, diez años antes se había creado el Colegio de Bachilleres México. Surgió como equilibrio en respuesta a la situación de la UNAM efectivamente para buscar los equilibrios a nivel nacional y tener otras opciones educativas.

Para el Colegio de Bachilleres obviamente no fue sencillo penetrar en la comunidad, como cualquier institución nueva. Después de que la Universidad del Estado tenía fuertes raíces desde que fue el Instituto Literario.

La creación fue política y fue ofrecer una nueva opción para los estudiantes de Guerrero. El gobernador don Alejandro Cervantes Delgado, que en paz descanse, y el Director fundador, el maestro y compañero el Lic. Andrés Peralta Santamaría fueron los actores. El primero solicita un decreto, lo envía al Congreso del Estado para su publicación, se toma el acuerdo en el Congreso el 16 de septiembre de 1983, para iniciar vigencia de esta opción educativa de nivel medio superior. Así inicia, como todos sabemos, con 5 planteles en el estado. Había que ir pueblo por pueblo, barrio por barrio, colonia por colonia, y casa por casa, ofreciendo esta alternativa que era bien recibida por la gente ya que se aseguraba que el personal docente no estaba dispuesto a interrumpir las labores. La gente buscaba una nueva alternativa porque habían visto cómo se convulsionaba el estado con la intervención política, y como ustedes habrán de recordar, en la UAG estaba vigente el proyecto de Universidad Pueblo.

¿En qué momento se incorporó usted como secretario académico del COBACH?

Yo me incorporo en el año escolar siguiente a la fundación del Colegio de Bachilleres en Guerrero, precisamente en el edificio de la UPN. Inicia el año

---

escolar 1983-1984 del Colegio de Bachilleres Plantel Número 1 y se me invita en agosto de 1984 a desempeñarme como subdirector académico. Todo el año escolar permanecí en el Plantel 1. Se me solicitó ir a reforzar como auxiliar para captar alumnos en el Plantel 12 de Zirándaro y me fui durante las vacaciones de julio y agosto de 1984. En agosto de 1985 se me invitó a ir a fundar el plantel 13 de Xaltianguis. Ahí permanecí hasta enero de 1986, año en que fui invitado a asumir la secretaria académica del Colegio de Bachilleres.

Debo de señalar que fue un enorme privilegio, el tener la oportunidad, a 2 años fundado el Colegio, de permanecer 3 años en la Secretaria Académica compartiendo la construcción de una opción educativa fuerte, sólida en los ámbitos académico y cultural. Yo siempre he sido de la idea de que ante la poca inteligencia de un funcionario debe haber un rasgo de honestidad para convocar a los expertos, a los hombres más destacados de las instituciones. Eso es una labor colectiva, no es una labor de un ser humano por muy brillante que sea. Yo tengo la impresión de que quienes han construido 25 años de esta institución educativa son los profesores y las profesoras del Colegio de Bachilleres.

En 1987 existían ya conflictos por los bajos salarios, provocando inestabilidad laboral. En ese momento y a cuatro años de fundada la institución, aún no había basificaciones ni de personal académico ni administrativo. Hablo de que contábamos ya con 14 planteles, y había egresado la primera generación en 1986.

Los profesores de la Universidad que se habían incorporado al proyecto del Colegio de Bachilleres ya se habían regresado la mayoría de ellos. Digo esto, porque el movimiento era genuino, el movimiento tenía raíces no políticas, si no estrictamente laborales. El Director General, el maestro Andrés Peralta Santamaría, hizo suyo el proyecto de las representaciones sindicales y rescató este movimiento, lo vio con buenos ojos, recomendándonos a todos sus funcionarios que no obstaculizáramos ninguna expresión de representación sindical. Así es como surgió la sección 31 del SUSPEG. Como ex universitario, el Lic. Andrés Peralta Santa María, sencillamente considera que una asociación de trabajadores académicos a la par de la APAUNAM, la institución donde él se formó, constituía una buena opción porque se trataba efectivamente de que los profesores tuvieran una representación ante las autoridades. De inmediato reconoce la representación sindical sin mayores esfuerzos. Simplemente él ve que las representaciones son genuinas y se proclaman por la defensa de nuestros compañeros trabajadores y reconoce además que es un fenómeno natural, el propiciar la formación de organizaciones en la defensa de los derechos de los trabajadores. En este orden de ideas, con él o sin él se formaría la asociación, qué mejor que brindar su apoyo y respaldo. Es así como el Director General otorga su venia a favor del respeto a la cultura laborista en Guerrero y asiente a decir a los fundadores de la APACOBACHEG: "Adelante".

¿Cómo recuerda usted que se dieron las primeras negociaciones?

Las primeras negociaciones tienen que ver con las condiciones generales de trabajo. Primero, el asegurar que nadie fuera perseguido, que se respetara su derecho a manifestarse, al igual que se respetara a quienes fueran a un proceso de negociación, de basificación con los trabajadores administrativos y académicos. En un segundo momento, se discutirían las condiciones generales de trabajo para dar paso a la elaboración de los contratos colectivos, clarificando las condiciones de trabajo para COBACH. Esto lo retoma quien releva al primer Director General, que era el Ingeniero Químico Hubert de la Vega Estrada, con quien se dan ya en la vía del derecho, las negociaciones de las condiciones generales del trabajo de la APACOBACHEG y culmina, con la expedición de nombramientos que van a asegurar la definitividad de las horas. Comenzamos a ver el reconocimiento de las prestaciones genéricas a todo sistema educativo de aquel entonces. En ese momento reconocíamos que era homologado a la tendencia nacional, como en su momento lo serían las negociaciones a favor de los incrementos salariales, conforme al Sindicato Único de la UNAM, las revisiones contractuales, en cuanto a las prestaciones con lo que negociaba la UNAM, la UPN y el Politécnico, y otras necesidades ya muy particulares del COBACHG que empezaron a emerger con el tiempo.

Es muy satisfactorio ver que al paso del tiempo ha habido un tránsito de la APACOBACHEG a SUTCOBACH, es decir, no tan sólo cambia de nombre sino cambian las orientaciones políticas para consolidar un sindicalismo con rostro propio, un sindicalismo que se fortalezca a partir de la participación de los distintos órganos de gobierno que se han dado. No obstante, así como ha crecido la institución, con un prestigio consolidado que cumple ya 25 años, tengo la impresión de que el sindicalismo académico que prevalece en el colegio es muy respetable. Existe el relevo de talentos, la superación de las prácticas, la vida colegiada. Aún recuerdo algunos dirigentes de la APACOBACHEG, como Gerardo Gálvez, primer coordinador y cuyo congreso se hizo en las instalaciones del teatro "María Luisa Ocampo" de aquí de Chilpancingo. Aún recuerdo a los liderazgos, dado que tenía muy buenas relaciones con los trabajadores, y no sólo se limitaban a mi Colegio, sino a las diferentes regiones del estado. Es así como recuerdo donde fueron surgiendo los líderes de la APACOBACHEG.

—

Primero fue en la región Norte; después José Luis Adame de la región Centro; luego de Acapulco, Ayutla (Costa Chica), Acapulco nuevamente. Recuerdo muy bien al Lic. Jesús Alberto Jaramillo Rodríguez de Tixtla. Eran todos ellos gente muy joven y que apasionadamente se incorporó para defender los intereses de sus compañeros.

¿Cuál es la opinión que tiene usted del SUTCOBACH?

Creo que ya mencioné cual es mi opinión del SUTCOBACH. Recuerdo mi primera incursión en el sindicalismo de bachilleres fue en el periodo de 1999. En aquel momento pude percibir diferencias de enfoque, diferencias de estilo, diferencias de manejo de los intereses sindicales. Todo ello me hizo renunciar para el día siguiente, me parecía que no me podía hacer cómplice de esas prácticas. Ya para esos años el sindicato se había desviado de sus orígenes, de su ideología, más bien, lo que presencié en ese momento fue un sindicalismo desinteresado del propio Colegio y sus trabajadores.

Regresé en el 2003 siendo dirigente estatal de Honor y Justicia, cargo del cual me siento orgulloso por las decisiones que se tomaron. ¿Por qué? Porque creo que logramos dar prestigio a un organismo que no figuraba. Hay dos instrumentos básicos que mueven la vida de nuestro sindicato, uno es el Estatuto Jurídico que norma a los comportamientos y las actitudes, el respeto obligado a los otros agremiados que prohíbe favorecer a grupos o crear grupos al interior del sindicato. Hubo hombres y mujeres que compartieron esa Comisión Estatal, de llamar la atención a algunos compañeros que creían que el sindicato era un factor de botín, un factor endeble, que lo podían dividir, que podían convulsionar nuestra organización sindical. Concluimos la gestión en el 2006. Del 2006 a la fecha honestamente me enorgullezco de pertenecer a un Comité Ejecutivo Estatal que es serio. Esta seriedad ha hecho que cuando, hace año y medio, cambiamos de denominación de STACOBACH a Sindicato Único de Trabajadores del Colegio de Bachilleres (SUTCOBACH), más de 400 compañeros administrativos se han incorporado con nosotros. Esa es una de nuestras prioridades, lograr la representación a través de administrar su contrato colectivo. Tenemos fallas, tenemos desacuerdos, tenemos enfrentamientos, pero no nos damos el lujo de dividirnos porque un sindicato dividido no defiende nuestro contrato colectivo de trabajo con honestidad, porque al otro lado está el patrón, entonces estos dos instrumentos yo creo que son perfectibles. Tenemos que estar muy atentos a que, ni por ambiciones personales ni ambiciones de grupo si las hubiera, dejemos de cuidar este instrumento que debe ser colegiado es propiedad de todos los trabajadores.

¿Cuáles considera usted han sido los mejores logros sindicales?

La seguridad laboral, ahorita mismo el Gobierno del estado sigue insistiendo en que somos un sindicato privilegiado porque hemos logrado prestaciones y hasta veladamente nos culpan del quebranto financiero. A ellos les hemos dicho que busquen a quien culpar en otra parte. Quisiéramos mejoras salariales, incrementos salariales para tener la confianza y trabajar con más tranquilidad a favor de nuestra institución, la seguridad en el trabajo, el respeto entre nosotros como trabajadores. Yo creo que son logros invaluables. Recuerdo en 1984 cuando fuimos a las comunidades, decíamos, "Venimos del Colegio de Bachilleres" . . . y la gente nos decía "¿De dónde? ¿Qué significa eso? ¿Quiénes son ustedes?" La gente estaba así como muy desinformada de lo que ocurría en su entorno. Creo que ahora ya no ocurre eso, y no ocurre porque estoy hablando que fueron primero 5 planteles y nos estacionamos en 14, después surge el 15 de Copala, y allí nos quedamos y empiezan a surgir los 40 planteles por cooperación y ahora vamos por planteles incorporados sostenidos por municipios.

Somos la opción de media superior de mayor presencia en todo el estado y eso nos hace comprometernos. Como sindicato debemos de dar viabilidad al servicio educativo, a la mejora de servicio educativo, y seguimos insistiendo en un programa integral de formación de profesores porque no podemos ofrecer algo mejor sino estamos actualizados en capacidad.

No nos negamos, ni nos negaremos a la evaluación como profesores, siempre y cuando no nos sirva como persecución ni como control, sino que sea una evaluación que efectivamente dé propuestas, solución y actualización. Las becas de posgrado han servido a que muchos de los profesores han obtenido el nivel de posgrados, de maestrías, especializaciones, de doctorado. Los compañeros están estudiando. Acaba de regresar un compañero que estudió la maestría en Boston, tenemos una compañera que está estudiando en Guanajuato, los compañeros tienen 5 o 6 horas basificadas y se van con tiempo completo de máxima categoría. Eso es satisfactorio para el sindicato porque luego tenemos que hacer huelgas o tomas u otro movimiento para que se respete lo que está allí. Tenemos como 7 compañeros que están disfrutando, después al concluir su maestría con becas o licenciaturas con goce de sueldo para obtener el grado y sin mayores complicaciones. Yo creo que todos los años en donde hay que reconocer las prestaciones obtenidas, presionar y plantearse, creo que están pasando a la historia, pretendemos tener un sindicato moderno, un sindicato que le dé la cara a sus compañeros trabajadores, pues esas políticas de juego limpio creo que están llegando para quedarse, aquellos que no lo entiendan así,

---

aquellos que se sientan lideres mexicanos, aquellos que se sientan cacicazgos, que sienten que la voz de un hombre va a ser suficiente para que los sigamos y lo piensen dos veces definitivamente ¿Por qué? Porque vamos por una cultura de la modernidad y sabemos de lo que estamos hablando.

¿Alguna anécdota que quiera usted comentarnos?

Recuerdo en 1988 verdadera efervescencia . . . Ángel García Peralta, uno de los líderes más incisivos por el sindicalismo en el Colegio de Bachilleres que fue parte de una de las coordinaciones de la APACOBACHEG, Benito Alberto Ucan, del Plantel 1, y compañeros del plantel 2, recuerdo que llegaron a Abasolo 46 a mostrar sus inconformidades de acuerdo con lo que nosotros conocemos como cultura de la manifestación en Guerrero. Y bueno, fuimos creados en esta cultura, pues ni nos sorprendía ni nos atemorizaba, ni nos impresionaba. Recuerdo que en alguna ocasión, yo no estaba enterado de que ya había llegado el grupo fuerte que había llenado el patio de la Dirección General allí en Abasolo 46 y 40, creo que me estaban esperando a que saliera de mi oficina y me sorprendió mucho y me quede así pasmado con los "mueras, mueras" y realmente con quien negociaban las prestaciones era con el Director General. Yo tenía una tarea muy específica, impulsar la tarea académica y cultural, pero a mí me sorprendió y no crean que me dio risa, pero ahora sí, pero en aquel entonces me quedé así pasmado diciendo "qué es esto . . ." claro que no tomé muy en serio su amenaza de "que muera".

Hay otra (anécdota) que me llamó mucho la atención, y que señalan tanto la cultura de nuestros líderes sindicales, yo no era líder sindical en ese momento y fui afectado en los años de Ruiz Massieu, cuando era común que en los colegios no llegaran las nóminas ni el dinero. Los planteles prioritarios eran el 1 y el de Acapulco. No obstante, los planteles lejanos, los planteles por cooperación generalmente, como eran planteles sostenidos por el estado y había política de austeridad, eran racionados provocando la desesperación de los compañeros.

Recuerdo una ocasión, ya establecida la APACOBACHEG, en la cual no llegaron las nóminas de algunos planteles. Se presentaron algunos coordinadores de la APACOBACHEG para tratar tan delicado asunto. Primero se estableció una mesa de diálogo en la cual intervino el Secretario de Desarrollo Social de aquel entonces, el maestro Mario Melgar Adalid, el Subdirector General, que era Hubert de la Vega, el dirigente sindical de Iguala, Gerardo Gálvez Vázquez, y un servidor. Entonces se habló de cómo salir del problema, se planteó que el Gobierno del estado solicitaría a un banco un crédito. Nuestro dirigente sindical exigía que los acuerdos se plasmaran en un escrito y le llamó "el chavo Adalid". En ese momento el Lic. Mario Melgar encendió sus ánimos contestando: "¡yo vengo en nombre del gobernador y lo que estoy diciendo en esta mesa se tiene que atender!". Los presentes le reclamaron, haciendo uso de sus propias expresiones, que a él le sorprendía mucho que trabajara para el Colegio de Bachilleres, y que se había demostrado disposición para negociar que le hiciera como quisiera, pero que el gobierno del estado en esas condiciones no se comprometía. El Lic. Mario Melgar Adalid se puso de pie de manera inmediata y dejó la mesa de diálogo. Junto con él, varios funcionarios salimos rápidamente. El último en salir del despacho fue el líder sindical. A estas alturas podrán imaginarse ustedes las *rechiflas* y abucheos de los compañeros.

Como funcionario considero que gocé de buenas relaciones con las dirigencias, excepto con una por allí, donde hasta la fecha no hay acuerdos. En fin, son las formas de trabajo que no pudieron conciliarse definitivamente.

El Maestro Ezequiel Barrera Flores es actualmente Secretario de Asuntos Académicos del SUTCOBACH, se desempeñó como Presidente de la Comisión de Honor y Justicia del año 2002-2006. Durante ese mismo período fueron expulsados del Sindicato los ex coordinadores de la APACOBACHEG, Gerardo Gálvez Vázquez y José Luis Adame Ávila. El Maestro Ezequiel es reconocido por sus prendas académicas y honorabilidad.

5.2 Períodos Sindicales

Una vez remembrada la historia de la fundación del Colegio de Bachilleres del Estado de Guerrero, descubierta por medio de quienes formaron parte fundamental de aquellos momentos, se inicia el recorrido de los años de formación de la APACOBACHEG, hoy SUTCOBACH. Es así como los Secretarios Generales narran las diversas vivencias, las condiciones políticas imperantes, las conquistas laborales logradas y los diversos matices que sin duda alguna han dejado huella en el Sindicato.

5.2.1 Gerardo Gálvez Vázquez (1987-1990)

El Profesor Gerardo Gálvez Vázquez, fue el primer Coordinador General de la APACOBACHEG. No hubo la oportunidad de que nos concediera una entrevista. Aquí se presenta la historia de este primer periodo sindical, narrada por el profesor Leonardo Castrejón Álvarez, quien fuera integrante del Comité Ejecutivo en ese periodo.

———

¿Cómo ingresó usted al COBACH?

Quiero comentar que ingresé al Colegio de Bachilleres después de haber terminado mis estudios en la Universidad Nacional Autónoma de México, en la escuela de estudios profesionales de Aragón, después de haber terminado en noviembre de 1985, en los primeros meses de 1986, precisamente el 2 de febrero de 1886 ingresé al Colegio de Bachilleres aquí en el estado de Guerrero en el plantel número 8 de Ayutla de los Libres. Desde ahí inicié mis primeras experiencias en la docencia. Esto me permitió visualizar los problemas que ya enfrentaban los trabajadores del Colegio de Bachilleres, en nuestro plantel se hacían las reuniones regionales de la Dirección General para fortalecer el trabajo académico, dando la oportunidad de coincidir con maestros de otros centros de trabajo, y pudimos intercambiar nuestras opiniones en torno a la problemática que se presentaba en los diferentes planteles del estado de Guerrero. Esto nos permitió formarnos una idea del contexto en el que nos desenvolvíamos y sobre todo, en el Colegio de Bachilleres, de que era necesario que los trabajadores se organizaran para poder, de alguna manera justa, tratar de plantear nuestra problemática a la autoridades del Colegio de Bachilleres y ser escuchados y atendidos.

En aquel entonces, el Director General era el licenciado Andrés Peralta Santamaría, director fundador del Colegio de Bachilleres, quien también venia de un importante cargo de la UNAM y se trasladó a Guerrero con el gobierno de Alejandro Cervantes Delgado. Tuvo la encomienda de organizar y fundar el Colegio de Bachilleres el 12 de octubre del año 1983. En ese contexto fue como los trabajadores empezamos a intentar organizarnos y, por qué no comentarlo, fuimos trabajadores inquietos, sobre todo del Plantel Número 1 de Chilpancingo, donde se dio principalmente la efervescencia. Aquí en el Plantel de Chilpancingo los maestros eran muy inquietos políticamente. El maestro Ángel Peralta García y varios maestros que todavía hoy están en el aula, como el maestro Benito Ucán, por nombrar algunos todavía de los muchos que aquel entonces iniciaron. Este equipo de maestros, con otros más que por el momento no recuerdo, se encargaron de visitarnos a los demás maestros en los diferentes centros de trabajo para motivar la organización.

De esa manera nos convocamos para participar, el 5 de febrero del año de 1987 en Chilpancingo, en el Plantel Número 1, para conformar el Primer Comité Ejecutivo del Sindicato Independiente del Colegio de Bachilleres de Guerrero. Quiero comentar que a este congreso vinieron maestros de diferentes planteles: del Plantel 2 de Acapulco, del Plantel 3 de Iguala, del Plantel 8 de Ayutla, del Plantel 11 de Tixtla, finalmente el 5 de febrero de 1987, se forma el primer

Comité Ejecutivo del Sindicato Independiente del Colegio de Bachilleres, donde a la cabeza iba el Profesor Ángel Peralta García.

Quiero destacar la reacción del gobierno al darse cuenta de que nos habíamos organizado los trabajadores y que habíamos formado una agrupación con la orientación del Sindicato Independiente. Inmediatamente el Director General empezó a organizar a un grupo de trabajadores del propio Colegio de Bachilleres para tratar de formar otro sindicato que tuviera el reconocimiento oficial de la institución. Precisamente fue con gente del Plantel 1 de Chilpancingo, con quienes el Director General de aquel entonces, Andrés Peralta Santamaría, empezó a organizar para que también hicieran los recorridos a los diferentes planteles. Tengo que comentar que el equipo que el gobierno conformó estuvo integrado por el Profesor Ascensión Sandoval Cruz, por el Profesor Régulo Anaya Rodríguez, por el Licenciado Frank Ripel, el médico Gabriel Ortiz Bonal. Ellos tuvieron la tarea de visitar los centros de trabajo con la orientación de formar un sindicato alterno al que ya entonces se había formado. Al mismo tiempo, se encargaron de *ponerle todas las piedritas* en el camino a este Sindicato Independiente. Fue así como en menos de 15 días el Director General conjuntamente con este equipo había formado, organizado y nombrado delegados para que asistieran al Congreso que se realizó los días 19 y 20 de febrero de 1987 en las instalaciones del teatro María Luisa Ocampo, en Chilpancingo. Ahí se conformó un nuevo Comité Ejecutivo de una Asociación del Personal Académico del Colegio de Bachilleres. Sucedió así, porque en aquel entonces se argumenta que aquí en Guerrero no podía haber sindicatos de carácter independiente, que la ley no lo permitía.

Así, con la intromisión y el apoyo de la Dirección General del Colegio de Bachilleres, y los compañeros que acabo de mencionar, se empieza a trabajar para nombrar al Primer Comité Ejecutivo de lo que, hasta 1999 se llamó Asociación del Personal Académico del Colegio de Bachilleres. En este primer Comité Ejecutivo quedó al frente el Profesor Gerardo Gálvez Vázquez del Plantel 3 de Iguala; el Licenciado Adolfo Astudillo Salgado de Tixtla, en la cartera de finanzas; Gerzaín Chávez Gómez del Plantel 5, en la cartera de asuntos académicos; el Profesor Daniel Perea Salas del Plantel 7, en la cartera de trabajos y conflictos; el compañero José Luis Adame Ávila del Plantel 1, en la cartera de organización; y yo (Leonardo Castrejón Álvarez), en la cartera de asuntos deportivos.

Lo más destacado de este Primer Comité Ejecutivo fue, durante el tiempo que le tocó estar al frente todavía al Lic. Andrés Peralta Santamaría, alrededor de un año, hubo, por así decirlo, los mínimos avances ya que este sindicato era formado por él, por tanto lo sentía como una organización de él y más que para buscar beneficios para los trabajadores, finalmente era una organización que a él le permitía tenerla bajo su control. Sin embargo, quiero destacar que aún en estas condiciones se logró la firma del primer convenio de colaboración entre el Colegio de Bachilleres y la Asociación del Personal Académico del Colegio de Bachilleres.

En su momento quiero dar a conocer las primeras prestaciones, que fueron las más importantes de este período de la Asociación del Personal Académico y el Licenciado Andrés Peralta Santamaría. Posteriormente en agosto de 1987, hubo cambio de gobierno y de Director General. Llegó a la Dirección General el ingeniero químico Hubert de la Vega Estrada.

En este nuevo período hubo un cambio fundamental en la forma de hacer política de la Asociación del Personal Académico del Colegio de Bachilleres. Debo reconocer la inquietud que se generó, la coyuntura política, los movimientos e incertidumbre, producto del cambio de Director General. El Profesor Gerardo Gálvez, secretario general, le dio un enfoque radicalmente diferente a lo que el gobierno hubiera imaginado, nos volvimos una organización demandante, una organización que se movilizaba, que demandaba mejorar la calidad de vida de los trabajadores. Hubo mucho conflicto como era de esperarse, sin embargo gracias a que éramos insistentes, los trabajadores del Colegio de Bachilleres logramos primero la incorporación de los trabajadores al ISSSTE, producto de ello vinieron las prestaciones del ISSSTE, al mismo tiempo se lograron los primeros acuerdos para poder basificar a los trabajadores. Esto era algo fundamental en la vida de los sindicatos, el garantizarles la estabilidad laboral. No obstante, no fue nada sencillo, sino producto de grandes movilizaciones. Afortunadamente los trabajadores del Colegio de Bachilleres respondieron, a pesar de que en aquel entonces era muy difícil que el gobierno permitiera organizarse y manifestarse de manera pública, y sobre todo en instituciones como el Colegio de Bachilleres que era parte del Gobierno del estado. Sin embargo la base trabajadora del COBACH logró sentar, tanto a nivel Dirección General como a nivel estatal, los mecanismos de cómo basificar a los trabajadores. Esta fue la gestión más importante del período del ingeniero Hubert de la Vega. Una vez que se tuvieron las bases, se inició un nuevo movimiento para que el salario llegara puntual. En aquel tiempo eran muy irregulares los pagos. Se pagaba tres días después de la quincena, cuatro días después, y había trabajadores que hasta se les juntaban dos quincenas. De manera evidente nadie puede estar en tales condiciones. Se empezaron a crear normas para poder ir ordenando cómo los trabajadores recibirían su pago. Fue muy complicado, pero finalmente la Asociación del Personal Académico del Colegio de Bachilleres con movilizaciones, logró que se firmaran las primeras Condiciones Generales de Trabajo que darían pie para que el siguiente comité ejecutivo pudiera empezar a trabajar con más firmeza.

Lamentablemente no fue posible entrevistar al Profesor Gerardo Gálvez Vázquez. Durante su periodo se firmaron las primeras Condiciones Generales de Trabajo. Fue regidor del PRD en 1993 en el H. Ayuntamiento de la Ciudad de Iguala de la Independencia. Ha sido directivo en varios planteles del COBACH. Actualmente es miembro del Comité Ejecutivo del Sindicato Independiente del Colegio de Bachilleres.

5.2.2 José Luis Adame Ávila (1990-1993)

El Ingeniero José Luis Adame Ávila es profesor fundador del Plantel Número 1. Segundo Coordinador General de la APACOBACHEG.

¿Quién era el Gobernador del estado y qué situación recuerda relacionada con este periodo en la vida del COBACH?

El Gobernador era el Lic. José Francisco Ruiz Massieu. Como Bachilleres siempre ha dependido del Gobierno del estado, la relación que se mantenía con él, era buena porque había bastante apoyo hacia el colegio.

¿Cómo se desarrolló el congreso donde fue electo Coordinador General de la Asociación del Personal Académico del Colegio de Bachilleres de Guerrero?

Fue una situación inquietante por parte de los compañeros, en el sentido de que no querían que yo fuera el representante. Yo creo que era sólo una minoría, se platicó con ellos y se llegó a un acuerdo. De alguna manera se les dio un espacio dentro de ese comité para que pudieran expresar sus ideas e inquietudes. De esa forma se logró que pudiéramos trabajar, siendo incluyentes, otorgándoles espacios para que pudieran trabajar también.

En esa época, se presentó la propuesta con los delegados que asistieron al Congreso, porque no hubo campañas. Simplemente fue una cuestión de platicarlo y ponerse de acuerdo. Yo considero que lo más importante fue el trabajo que me avalaba, mismo que ya había desempeñado en el periodo anterior, del cual formé parte. Considero que la gente vio que sí se estuvo trabajando, que si hubo acciones concretas de avance y por esa situación, mostraba muchas preferencias hacia mi persona.

¿Quiénes integraron el Comité Ejecutivo?

En ese tiempo existían sólo 16 planteles, y de cada plantel se integraba una persona e incluso de aquí de Chilpancingo del Plantel 1 era una persona adicional cuando yo era Coordinador General. Se les dio espacio a todos, incorporando a las diversas expresiones para que estuvieran ahí representadas y participaran en este comité ejecutivo.

¿Cuál era el domicilio del personal de la APA y el número de afiliados y cuántos planteles había?

El domicilio que teníamos era Zaragoza número 92, en Chilpancingo. Era una oficina que se estaba rentando, y estuvimos laborando durante los 3 años del periodo del comité. En ese momento éramos alrededor de unos 600 trabajadores, cifra bastante pequeña.

¿Quiénes se integraron de tiempo completo al Comité Ejecutivo?

Se disponían de 400 horas que se repartieron entre los integrantes del comité ejecutivo. Se incorporaron sólo la mitad de los 16 planteles, consecuentemente la mitad era de tiempo completo. Los planteles más importantes, y que contaban con el mayor número de agremiados, eran los planteles de Chilpancingo, de Tixtla, de Acapulco, de Iguala y de Taxco. Todos ellos tenían gente de tiempo completo, y a los demás se les comisionaba con 10 o 15 horas, dependiendo del número de afiliados que tuvieran. No obstante, a todos se les brindó el espacio y participación.

¿Quién era el Director General y cuál era la relación político laboral que se mantenía?

El Director General era Hubert de la Vega Estrada, y la relación que se tenía era de respeto y colaboración. Siempre se pensó en la situación de beneficio en los trabajadores y, al mismo tiempo, en impulsar al Colegio de Bachilleres.

¿Cuáles considera que fueron los logros más importantes de su período, relacionados con la gestión salarial, laboral y prestaciones?

Se lograron cosas importantes, entre las que se destaca la nivelación salarial y avances en cuanto a normatividad y reglamentos. Lo anterior era para cambiar de categorías y normas para mejorar la situación laboral de los trabajadores. La revisión de plantillas para dar a las personas, de acuerdo a su perfil, estudios, derecho de antigüedad, y desempeño académico, las horas que les correspondían. Logramos que los trabajadores tuvieran su pago un día antes de la quincena porque luego resultaba que no alcanzaba el dinero y no nos pagaban a tiempo.

¿Alguna anécdota que quiera comentar?

Hicimos varias manifestaciones y se tomaron las oficinas de la Dirección General de Bachilleres, justo cuando se pedía la nivelación salarial, pero hubo respuesta y diálogo con el entonces Secretario de Gobierno, Jesús Ramírez Guerrero. Siempre fuimos atendidos y hubo respuesta inmediata para los trabajadores del Colegio de Bachilleres. Sin embargo hubo cuestiones que no le gustaban a la administración estatal, como los paros laborales, las tomas de oficinas, manifestaciones y demás.

Durante el periodo del Ing. José Luis Adame Ávila, se participó en la elaboración del primer Reglamento Académico, el Sistema de Escalafón y Promoción, y el Reglamento Apoyo a la Investigación. Se desempeñó también, como directivo del COBACH durante el periodo del Lic. Julio César Hernández Serna, y fue expulsado del entonces STACOBACH, en el año 2005. Actualmente es miembro del comité ejecutivo del sindicato independiente del Colegio de Bachilleres.

5.2.3 Jesús Alberto Jaramillo Rodríguez (1993-1996)

El Licenciado Jesús Alberto Jaramillo Rodríguez es profesor fundador del Plantel Número 11 de Tixtla, participó en la fundación del Sindicato Independiente del Colegio de Bachilleres (1987). Coordinador de Trabajo y Conflictos (1990-1993), Fue además, el Tercer Coordinador General de la Asociación del Personal Académico del Colegio de Bachilleres del estado de Guerrero (APACOBACHEG). Presidente de la Primera Comisión Electoral Estatal (2006). Secretario de la Segunda Comisión Electoral Estatal (2010).

—

¿Por qué considera que se creó el COBACH?

El Colegio de Bachilleres se crea en el año de 1983. En ese momento el Gobernador del estado era el Lic. Alejandro Cervantes Delgado. Se vivían momentos particularmente difíciles dentro de la Universidad Autónoma de Guerrero que llevaron a que en 1984, tras varios años de luchas, el gobierno le retirara completamente el subsidio a la UAG. Esta situación complicó mucho más el entorno social y político que se vivía en aquellos años, y recrudeció la posición del gobierno con respecto al creciente problema. El objetivo principal era la desaparición de todas las preparatorias del estado, ya que, acorde a los reportes oficiales fomentaban la ideología de izquierda, simpatizaban con los movimientos populares y principalmente con los campesinos del estado. La Secretaría de Educación no reconocía ninguna preparatoria existente de la UAG, y aún más allá estaba en contra de la creación de nuevas preparatorias. En ese contexto de incertidumbres y alta politización de la educación, surge el Colegio de Bachilleres como una alternativa a propuesta del gobierno del estado, para crear en este caso una institución de educación del nivel medio superior, diferente a las preparatorias de la Universidad Autónoma de Guerrero, que dependiera de la estructura de la administración estatal.

¿Cómo ingresó usted al COBACH?

Recuerdo haber participado en entrevistas muy rigurosas que se realizaron en la Secretaría General de Gobierno. Me entrevistó el maestro Juan Carrasco, quien fuera el primer secretario académico de la institución. Obviamente las entrevistas eran un sondeo que les permitía el darse cuenta del nivel académico, de la preparación de los candidatos a incorporarse y todo ello tenía que ser debidamente sustentado por la documentación pertinente. Llama la atención, las preguntas obligadas en relación con la Universidad Autónoma de Guerrero, y la participación política en los movimientos sociales. Como antecedente, yo había participado en la Federación Estudiantil Universitaria Guerrerense, como Coordinador de Organización durante los años 1976-1980. Volviendo al sistema de selección, precisamente por las condiciones en que el estado se encontraba, fue un mecanismo muy selectivo. Era muy difícil ingresar al Colegio de Bachilleres. No obstante, habíamos muchas personas que deseábamos ingresar ya que en ese tiempo eran muy pocas las opciones de trabajo. La principal opción en la academia era la Universidad, que prácticamente estaba en crisis en ese momento, derivado del problema de las preparatorias, y de la supresión de los subsidios. No pude ingresar en esa ocasión, la oportunidad se dio al año siguiente cuando se fundó el plantel 11, en ese entonces ya me había titulado en la licenciatura en Economía en la Universidad Autónoma de Guerrero, había participado en la fundación de varias Preparatorias Populares en la UAG y tenía suficiente experiencia en este nivel académico, como docente en las preparatorias populares "Vicente Guerrero" y "Emiliano Zapata "de Tixtla.

¿Cuál era la actitud de los directivos con los trabajadores?

Desde un principio, afortunadamente, en esa nueva institución que es el Colegio de Bachilleres, todos los compañeros que logramos ingresar como personal académico fuimos tratados de manera muy estricta por parte de los directivos. Ellos eran muy exigentes, pero nos apoyaban en el desarrollo de las actividades proveyendo los medios para que se realizaran las actividades con los estudiantes.

Definitivamente, era una gran oportunidad aún con las horas que uno tuviera. Recuerdo que ingresé con 8 horas, pero prácticamente vivía en el Colegio, ahí dedicaba gran parte del día, estábamos todos muy entregados, muy comprometidos con el trabajo. Teníamos mucho interés, y creo que todos los maestros pusimos más que nuestro esfuerzo, nuestro compromiso, nuestra dedicación, porque se crearon verdaderas instituciones desde un principio, con firmes estructuras académicas, que realmente buscaban educar.

¿Cómo eran los salarios y qué prestaciones tenían?

Mi percepción en cuanto a los salarios en aquel tiempo, seguramente por las pocas horas que tenía, es que eran muy bajos. En lo que a las prestaciones se refiere, al principio en realidad no se contaba con ninguna, sólo era nuestro sueldo. Recuerdo algunos detalles, como que la persona que pagaba en el momento de cobrar cubría con un papel la nómina y sólo dejaba espacio para firmar. No podías leer lo demás. Obviamente diversas interpretaciones pueden darse a ese hecho. Trabajabas sin ningún documento que te protegiera laboralmente, ni contrato, ni mayores certezas.

Afortunadamente las autoridades desde que se fundó el Colegio de Bachilleres, en ese momento era el Lic. Andrés Peralta Santamaría el Director General de la institución, tuvieron un gran acierto. Al menos, recuerdo que desde un principio, prácticamente al poco tiempo de que ingresé a trabajar—en septiembre de 1984-, ya estábamos cotizando al ISSSTE. Sin duda ello era y es muy importante para los trabajadores, y principalmente por la situación tan difícil que se presente con la nueva ley del ISSSTE. Sin embargo, esto no era suficiente, la completa indefinición laboral motivó a que muchos compañeros tuviéramos la iniciativa en diversos planteles de organizarnos de alguna forma, particularmente de manera sindical. Eso era lo que más preocupaba a las autoridades en ese momento, porque era una institución nueva y no les resultaba conveniente que tan pronto estuviera ya con movimientos de este tipo. Para las autoridades era una situación difícil, pero lo era mucho más para nosotros como trabajadores.

En el Plantel Número 1, el 5 de febrero de 1987, nos convocaron a una reunión muy importante. Recuerdo la presencia de compañeros del Sindicato Nacional de Trabajadores del Colegio de Bachilleres que venían del Distrito Federal a plantearnos la organización sindical. Lo que nos motivó como trabajadores a la organización sindical es el hecho de que no estábamos protegidos, no contábamos con una base, no teníamos contratos de trabajo definidos, no teníamos ninguna certeza laboral. Era una situación de incertidumbre, porque lo único con lo que contábamos era con el hecho de estar ahí, en ese momento y, en cuanto las autoridades lo determinaran, podían prescindir de nuestros servicios.

¿Qué maestros recuerda usted que participaron en el proceso de la organización sindical, para la formación de la APACOBACHEG?

Recuerdo al maestro Ángel Peralta García y a la maestra Francisca Mujica del plantel 1. Del plantel 11 de Tixtla, hubo compañeros que tuvieron el interés de participar en las reuniones de discusión referentes a la situación laboral que enfrentábamos los profesores en el COBACH. Menciono esto porque en aquel momento era difícil reunirse libremente sin temor a represalias para exigir un derecho, por la presión y amenazas de despido para todo aquel que participara. No era sencillo que se reuniera gente de todo el estado para organizarse sindicalmente, así que fue determinante la participación de muchos compañeros que acudieron a reclamar y hacer valer sus derechos de todas las regiones del estado, que estuvieron en Chilpancingo participando de manera activa en las reuniones de conformación del movimiento sindical.

¿Cuál fue la posición de la Dirección General del Colegio de Bachilleres con respecto a la creación de la organización sindical?

Dudo mucho que la Dirección General haya considerado la participación de la organización sindical del todo bienvenida, porque insisto, el estado vivía momentos de tensión política por la situación que prevalecía en la Universidad

Autónoma de Guerrero. No era nada sencillo organizarnos, mucho menos frente a un conflicto tan fuerte como el universitario, que había conseguido permear ya en los más diversos estratos sociales. Afortunadamente hubo la inteligencia y el equilibrio por parte de los compañeros, para incorporarnos, frente a la imposición, a la Asociación Sindical que se nos proponía, y, desde ahí retomar el movimiento de lucha sindical por el rescate a nuestros derechos como trabajadores. Se realizó el primer congreso sindical de profesores del Colegio de Bachilleres, donde se funda la Asociación del Personal Académico del Colegio de Bachilleres del Estado de Guerrero. Participaron compañeros de 16 planteles oficiales como delegados al Congreso. Fue electo como primer Coordinador General el compañero Florentino Gerardo Gálvez Vázquez para el primer período del Comité Ejecutivo 1987-1990.

Por vez primera se integra el Comité, con todas las limitaciones materiales y políticas incluso, pero con responsabilidad, compromiso y entrega por parte de todos los compañeros. El Consejo Normativo, igualmente constituido por vez primera, estuvo conformado por, entre otros, como presidente, el profesor Ascensión Sandoval Cruz; como Vicepresidente, el profesor Régulo Anaya Rodríguez; además, los compañeros Javier Pérez Zavaleta, Rodolfo Juárez, Oscar Gómez, Reyes Bello, Sigifredo López Reyes, Tomasa Jiménez, Sergio Cienfuegos Osorio, Francisca Estrada Gaytán, Román Araujo Encarnación, Salvador Carreto Herrera, Leonila Ocampo Julieta, Juan Vargas Muñoz, Modesto Acevedo García, Roberto Alberto Carranza, Elino Pacheco Prestegui, Filogonio Santos Ureña, José Tania Hernández Bravo, sólo por citar algunos compañeros coordinadores que estuvieron en el encuentro de ese momento tan importante, que definió los destinos de nuestro sindicato. El objetivo fundamental, era el de organizarnos, e históricamente está demostrado que se logró y fue un logro para bien.

El principal logro a raíz la creación de la Asociación, fue el que se empezaran a sentar las bases para un futuro más claro, que brindara certezas, certeza en el trabajo, y certeza también para nuestras familias. Así es como se fueron formando, poco a poco, las diversas comisiones con la participación de todas y todos los compañeros. Un momento significativo del Colegio de Bachilleres del Estado de Guerrero fue la firma, el 7 de febrero de 1989, de las condiciones generales de trabajo del personal académico del COBACH. Por un lado firma el Director General Hubert de la Vega Estrada; Saúl de la Fuente Colin, que era administrativo; Víctor Manuel Ocampo Fernández, el secretario académico; Oscar Rodríguez, que en ese momento era el asesor jurídico; y por parte de la asociación firma Gerardo Gálvez Vázquez. Este documento, se constituye como el primer documento que establece las condiciones generales de trabajo, que habrá evolucionar hasta convertirse en el contrato colectivo de trabajo que tenemos actualmente.

Ya haciendo referencia a lo que sucedió durante mi período como parte del comité ejecutivo estatal, he de mencionar que fue fundamental el contar con compañeros entusiastas, dentro del comité ejecutivo. La mayoría de ellos participaron con profunda convicción en las diferentes actividades que se desarrollaron, motivando a que los trabajos fueran desarrollados obteniendo muy buenos resultados. Mención especial merecen los compañeros que integraron el comité, la maestra Graciela Marquina Ramírez, que era nuestra coordinadora de organización; Guillermo Anzures Carreto, coordinador de asuntos académicos; Manuel Arrieta Ávila, de finanzas; el arquitecto Salomón Moreno Alvarado, de trabajos y conflictos; a Alfredo Manzanares García, que era el coordinador de educación gremial; Amado Guzmán, en crédito y vivienda; y Orlando García Alonso, que era nuestro asesor jurídico. De igual forma, en el Congreso, fueron electos para formar parte del Consejo Normativo y de Evaluación José María Estrada Trani, como Presidente; Armando Bibiano García, Vicepresidente; Tiburcio Luna Castro, Secretario; Juan Epanucemo A., Román Arámbulo, César García Charco y Ángel Domínguez Morales como prosecretarios.

En el periodo 1993-1996 era Gobernador del estado el Lic. Rubén Figueroa Alcocer, el Secretario de Educación era el Doctor Amín Zarur Ménez, y el Director General del Colegio de Bachilleres era el Lic. Fermín Gerardo Alvarado Arroyo. Era el Tercer Comité Ejecutivo que se elegía, desde los orígenes de la Asociación del Personal Académico. Evidentemente el hecho de ser una asociación limitaba la personalidad jurídica y las acciones que eran permitido emprender, de ningún modo funciona igual una asociación que un sindicato. Afortunadamente, existía una relación de algún modo equilibrada con la Dirección General, en el sentido de que existieron las condiciones para trabajar, se tenían comisiones muy importantes por parte de todos los compañeros del comité ejecutivo en ese momento, y la Dirección General colocaba a sus propios representantes para que se llevaran a cabo las diversas negociaciones que tuvieron lugar.

Con el Director General, Lic. Fermín Gerardo Alvarado Arroyo, tuvimos la oportunidad de firmar varias minutas, atendiendo los pliegos petitorios que hacían referencia a los incrementos salariales y la forma en que se pagarían los retroactivos. Se dio inicio a la convocatoria para las homologaciones salariales del personal docente de las diversas categorías. Habrá de recordar que en ese momento las categorías máximas eran CB1 y CB2. El proceso de regulación dio inicio el 27 de marzo de 1995. Existían las categorías del tabulador académico correspondientes a técnicos docentes A y B, y para ser promovidos a técnico docente CB1 y CB2, se lanzaron diversas convocatorias para basificación y recategorización. Por ejemplo, el 22 de marzo de 1995 se firmó el "Estímulo para el Desempeño en el Aula", hoy conocido como "Estímulo para el Desempeño Académico". A la vez, se incrementaron las primas de los seguros de vida. Reconozco el profesionalismo y compromiso institucional con que se trabajó por las comisiones de trabajo de ambas partes. Fue un momento importante, porque se continúa normando la vida sindical del COBACH, no obstante que aún hace falta mucho por andar. Se impulsaron los estímulos al desempeño en el aula, a la superación, a la educación profesional, para lo cual se otorgaron becas para la realización de estudios de posgrado. Al mismo tiempo, se publicaban periódicamente convocatorias para basificar, que desempeñaban un papel importante para los trabajadores. Con el Director General, Fermín Gerardo Alvarado Arroyo, y con la presencia, como testigo de calidad, del Secretario de Educación Amin Zarur Ménez, se firmó en febrero de 1995, un acuerdo sobre los seguros de vida por ciento veinte mil pesos (ciento veinte millones de viejos pesos), que en aquel momento era una suma muy importante. Con ello se tenía ya la posibilidad de participar en la contratación de los seguros, teniendo acceso a los beneficios que ello conllevaba para los trabajadores.

Lamentablemente una serie de movilizaciones, de movimientos fuertes que se daban en el estado tensaban la situación que vivíamos como Asociación. Las condiciones jurídicas constituían también una limitante, que era acentuada por la situación política imperante. Conciente de mi responsabilidad decidimos, con los compañeros del Comité Ejecutivo, que en ese momento lo más importante era asegurar lo que se tenía y dar estabilidad y legitimidad, garantizar el empleo y los salarios, para dar estabilidad también a las familias de los compañeros. Aun cuando avanzamos notablemente en diversas prestaciones.

Además, tuve la oportunidad de estar en el segundo comité en la cartera de Trabajo y Conflictos. En ese tiempo se realizaron varias reuniones sindicales a nivel nacional, en la Ciudad de México, impulsadas por el Maestro Pablo Sandoval Ramírez, a las cuales asistí con el Maestro Carlos Payán Torres, en ese momento Secretario General del STAUAG.

El objetivo era organizar a los sindicatos a nivel estatal, manteniendo una estrecha relación con los sindicatos del país a través del STUNAM y el SUNTU. Estuve asistiendo más de un año todos los fines de semana a esas reuniones en la Ciudad de México y en otros estados. Durante este segundo período, junto con el compañero Gilberto Armendáriz Galeana participamos en la Comisión Académica del Colegio de Bachilleres, como representantes de la APACOBACHEG, por la Dirección General el Maestro Víctor Manuel Ocampo Fernández, Candelario Degante Castañeda y mi amigo Guillermo Martínez Martínez. Es importante señalar que se iniciaron los trabajos para la elaboración del primer Reglamento Académico, que normaba por vez primera la vida académica de la Institución y la Asociación estaba participando paritariamente. El 26 de septiembre de 1990 firmamos, con el I.Q. Hubert de la Vega Estrada y con la Comisión mencionada, el "Sistema de Escalafón y Promoción para el Personal Académico del Colegio de Bachilleres del Estado de Guerrero". El 1 de octubre de 1992 firmamos la "Normatividad de Diplomado de Metodología para la Enseñanza de las Matemáticas", que es el antecedente de las becas para realizar estudios de maestría y doctorado, donde inclusive la Dirección General pagaba mínimo el 50% de la colegiatura. Así mismo, ese día firmamos la prestación "Apoyo a la Investigación", que representa al año sabático. Esto lo menciono para que los compañeros trabajadores conozcan el origen de algunas de las prestaciones que tenemos actualmente. Todas ellas son el resultado de mucho trabajo y esfuerzo, no se dieron de la noche a la mañana, fue mucha responsabilidad y dedicación de Gilberto Armendáriz Galeana y de Jesús Alberto Jaramillo Rodríguez

Posteriormente, una vez siendo Coordinador General de la APACOBACHEG, asistí al D.F. Puebla, Morelos, Tlaxcala, Tabasco, Querétaro, San Luis Potosí a diversas reuniones con la finalidad de organizar las estructuras sindicales de los COBACH a nivel nacional, lográndose constituirnos como Federación Nacional de Sindicatos de los Colegios de Bachilleres de la República Mexicana.

Es importante resaltar, que en mayo de 1990 se tenía el planteamiento de varios sindicatos del país, de formar una coalición nacional de sindicatos de los Colegios de Bachilleres de la República Mexicana.

En el año de 1992-1993 juegan un papel muy importante los dirigentes del SINTCB encabezados por Hugo Obregón Hernández, con la destacada participación de los compañeros Severo Escudero Carrillo, Norberto Pineda Arredondo, Romualdo Escudero Carrillo y de Alberto Guerrero Gutiérrez, Secretario General del Sindicato de trabajadores del Colegio de Bachilleres del Estado de Puebla, por mencionar sólo algunos de los principales impulsores de un proyecto de organización nacional de sindicatos de los Colegios de Bachilleres de la República Mexicana. En ese tiempo se convocaron varias reuniones en la Ciudad de México, y poco a poco se fueron incorporando más sindicatos de los diferentes estados. Fue entonces que los días 27, 28 y 29 de agosto de 1993 se realiza el Primer Encuentro Regional de Sindicatos de Trabajadores Académicos y Administrativos de los Colegios de Bachilleres en la ciudad de

Villahermosa, Tabasco. De manera posterior, los días 20, 21 y 22 de octubre de 1994 en la ciudad de San Luis Potosí, se publicó "La Declaración de San Luis Potosí" como resultado de la primera convención nacional de Sindicatos de los Colegios de Bachilleres de la República Mexicana.

Como culminación de meses de esfuerzos, los días 18 y 19 de enero de 1995, en la ciudad de Querétaro, se realizó de manera oficial la Reunión Nacional de Sindicatos de los Colegios de Bachilleres de la República Mexicana. A partir de ese momento, se intensificó la labor sindical entre los estados, dando paso, el 4 de febrero de 1995 en Ciudad Juárez, Chihuahua, a la Primera Reunión Regional de Sindicatos de la Zona Norte. En esta cumbre sindical destacó la propuesta de dejar atrás las reuniones como sindicatos hermanos, para constituirse en una Unión Nacional de Sindicatos. Y fue así como finalmente, los días 30 y 31 de marzo de 1995, en el Auditorio del Congreso del Trabajo en la Ciudad de México, se llevó a cabo el Congreso Constituyente de la Federación Nacional de Sindicatos de los Colegios de Bachilleres de la República Mexicana. En este histórico evento para la vida sindical nacional del Colegio, se constituyó el Primer Comité Ejecutivo Nacional y se tomó protesta a los integrantes de este comité, como puede apreciarse en la Tabla 4.

Mención y reconocimiento al compañero y gran amigo Severo Escudero Carrillo, quien siempre nos mantuvo informados desde el SINTCB, de la situación laboral de los sindicatos, de los emplazamientos, de los movimientos y en general de la situación que a su juicio era de interés para la APACOBACHEG. Gracias a él, Guerrero estuvo en sincronía con el acontecer nacional y fue parte importante en el proceso de fundación. Lamentablemente, mi amigo se adelantó en el camino de la vida, y hoy descansa en paz en su querida Olinalá, el pueblo que lo vio nacer.

Federación de Sindicatos de los Colegios de Bachilleres
de la República Mexicana

Tabla 4. Comité Ejecutivo Nacional 1995

Norberto Pineda Arredondo
Secretario General
Alfredo Lugo Gamez
Secretario de Organización
Lucio H. González Tepatzi
Secretario del Trabajo y Conflictos Académicos y Administrativos
Jesús Alberto Jaramillo Rodríguez
Secretario de Finanzas
Faudes Baños Baños
Secretario de Relaciones
José Ortiz Montes
Secretario de Prensa y Propaganda
Alberto Guerrero Gutiérrez
Secretario de Asuntos Académicos, Educación y Cultura
J. de Jesús Aguayo Becerra
Secretario de Acción Social y Deportes
J. Fermín Albores Salazar
Secretario de Prestaciones Sociales
Rafael Figueroa Estrada
Secretario de Actas, Acuerdos y Estadísticas

Es necesario rescatar y rememorar todos estos acontecimientos que dejaron una huella indeleble en los anales de la historia del Colegio de Bachilleres. Es necesario preservarlos ya que ello constituye nuestra historia, como producto de la participación de compañeros de toda la república comprometidos con el movimiento sindical. A ellos, a su visión y a la voluntad de conciliar las diferentes ideologías que pudieran haber existido, se debe en gran medida la unidad y la coordinación de la cual se goza actualmente.

¿Alguna anécdota que quiera comentar?

Cuando tuve la oportunidad de ser electo para formar parte del segundo comité ejecutivo, que encabezó el ingeniero José Luis Adame Ávila, recuerdo que, en algún momento que está por demás precisar, por demandas salariales asistimos los compañeros integrantes del comité ejecutivo a Palacio de Gobierno. Era Secretario General de Gobierno Jesús Ramírez Guerrero. Estuvimos presentes en la reunión todos los compañeros, entre ellos José Luis Adame Ávila, Gilberto Armendáriz Galeana, Ángel Peralta, Leonardo Castrejón. Hicimos planteamientos relacionados con nuestro movimiento reivindicatorio salarial, y el Secretario General de Gobierno nos dijo, de manera por demás autoritaria, "córtense ustedes sus uñas, córtenselas solos, porque no les va a gustar que yo se las corte". Entendí que nuestra situación como Asociación era difícil. Debíamos manejarnos con sumo cuidado e inteligencia y no exponer a los compañeros, no exponer a la Asociación, y medir nuestras acciones para que no resultasen nunca en hechos lamentables. Por esa razón, siempre me comporté de acuerdo a los momentos y circunstancias, sin exponer nuestras Condiciones Generales de Trabajo.

Y bien, con respecto a los Estatutos, y a las condiciones laborales vigentes, los escenarios han cambiado mucho. En 2010 se cumplieron 23 años de que esta organización sindical surgiera. Hoy ya es el Sindicato Único de Trabajadores del Colegio de Bachilleres (SUTCOBACH). La idea bajo la cual fue concebido el sindicato, la estructura y organización sindical, ha avanzado en gran manera. El tener un Contrato Colectivo de Trabajo reconocido y depositado ante la Junta Local de conciliación y Arbitraje, el contar con nuestro Estatuto Jurídico y toda una estructura sindical: el comité ejecutivo, mejores instalaciones, con asesores incluso que apoyan en la organización de los movimientos, y quienes de este sector así lo requieran. Hemos avanzado mucho, y esto es resultado del esfuerzo de varios años y de muchos compañeros, e indudablemente, debe ser valorado. Es tiempo de que, quienes formamos parte de este sindicato, lo fortalezcamos y nos mantengamos al tanto de su desarrollo y consolidación. Y si me preguntan qué opinión tengo de mi sindicato, del SUTCOBACH, he de decir que es la mejor, que debe recordarse siempre lo que ha significado el tener las conquistas laborales que hoy tenemos y acceder a las prestaciones y beneficios de los cuales gozamos. Finalmente, quisiera agregar que me siento muy orgulloso de ser miembro del SUTCOBACH.

Entre los logros más importantes del periodo del Lic. Jesús Alberto Jaramillo Rodríguez, se encuentran el haber institucionalizado las acciones propias de la APACOBACHEG; el cumplimiento a los períodos para basificar, de recategorización, becas, revisiones de plantillas, seguro de vida, revisión salarial y prestaciones. Se logró que todo fuera en tiempo y forma, de manera bilateral. Se trabajó intensamente en la construcción de la Federación Nacional de Sindicatos de Trabajadores del Colegio de Bachilleres de la Republica Mexicana.

Fue Presidente de la Primera H. Comisión Electoral Estatal en el año de 2006, correspondiéndole tomar la Protesta a los integrantes del Comité Ejecutivo encabezado por el Mtro. Marco Antonio Adame Bello, Secretario General del SUTCOBACH, el día 30 de junio de 2006 en la Ciudad de Chilpancingo de los Bravo. Se desempeño como Secretario de la Segunda H. Comisión Estatal Electoral en el año de 2010. Actualmente es Coordinador del servicio social externo en el departamento de vinculación académica del COBACH.

5.2.4 Amado Guzmán Lagunas (1996-1999 y 1999-2002)

El Maestro Amado Guzmán Lagunas es profesor del Plantel Número 7 de Acapulco. Cuarto Coordinador General de la Asociación del Personal Académico del Colegio de Bachilleres del estado de Guerrero (APACOBACHEG) y Primer Secretario General del Sindicato de Trabajadores Académicos del Colegio de Bachilleres (STACOBACH).

¿Cómo se desarrolló el congreso donde fue electo Coordinador General de la Asociación del Personal Académico del Colegio de Bachilleres de Guerrero?

El Congreso para que yo llegara como Coordinador General de la Asociación del Personal Académico del Colegio de Bachilleres del Estado de Guerrero tuvo lugar el 20 de febrero de 1996 en la ciudad de Acapulco. Había algunos problemas de carácter sindical, entonces existía una corriente pequeña al interior de la organización, no obstante, estos mismos vinieron a contribuir a la unidad en ese Congreso. Se nombró el cuarto período de la Asociación de Personal Académico del Colegio de Bachilleres. Participaron 16 planteles y eso daba la oportunidad de que todas las Coordinaciones Sindicales tuvieran un representante en el Comité Ejecutivo. Fui electo Coordinador de la APACOBACHEG; en la Coordinación de Organización, el Profr. José Alfredo Manzanares García; en finanzas, el maestro Carlos Mesino García; entre otros.

Este Comité se dio a la tarea, en un primer momento, de presentarse ante los planteles y ser reconocido por la Dirección General del COBACH. Había un nuevo Director, el Profr. Eutimio Rodríguez Maganda, nombrado por el entonces Secretario de Educación Fermín Gerardo Alvarado Arroyo, quien había sido Director General del Colegio de Bachilleres. Recuerdo una plática el día 21 de febrero, en la que discutimos la forma en que trabajaríamos, pero no hubo mayor

---

tiempo de platicar porque después de eso viene el relevo (de Director General), como parte de los problemas que enfrentó el gobierno en aquellos años.

Hubo que incorporar a los compañeros, que podrían llamarse disidentes, y entablar un diálogo franco. En la tercera sesión llegamos a un acuerdo y se incorporaron Leonardo Castrejón Álvarez, Santa Cabañas y otros elementos que ocuparon otras carteras menores. Entonces, ya unidos, empezamos a trabajar. La primera tarea fue administrativa, saber cuántos éramos y cuántos estaban afiliados. Visitamos planteles para conocer sus necesidades. El primer año tuve la oportunidad de hacer una petición de prestaciones, prestaciones de revisión salarial y fue un asunto muy difícil, porque no teníamos la fuerza suficiente para hacer demandas. En el segundo año, ya que teníamos la experiencia necesaria, tuvimos la oportunidad ahora sí, de organizarnos y ser un sólo grupo unitario.

Empezamos a visualizar, en términos generales, un encuentro con el nuevo Director del COBACH, que fue nombrado por la Junta Directiva, Julio César Hernández Serna. Esta persona empezó a trabajar con nosotros pero no fue una situación placentera, fue siempre de enfrentamiento porque él no aceptaba el diálogo con los representantes de los trabajadores. Fue muy impositivo y quería tener el control laboral, decidir arbitrariamente sobre el cómo incorporar al personal que eligiera, y eso provocó duros enfrentamientos.

En una ocasión tuvimos que romper relaciones por la arbitrariedad e iniciar manifestaciones en las calles, desde luego con la gente ya organizada, el trabajo era informarles directamente a los compañeros. Se sostenían reuniones con el Director Julio César Hernández Serna, y una vez que concluían todos volvíamos a nuestros lugares de origen para transmitir los acuerdos que se habían tomado en la reunión, a hacer reuniones en los planteles y a decir realmente lo que había pasado la noche anterior. Recolectábamos las inquietudes, los apoyos, las direcciones de quienes respaldaban nuestro movimiento. Aclaro que había habido ya un rompimiento con el Director General, en el sentido de que de manera directa había dicho a los dirigentes, "que las cosas no eran para siempre y que iba a hacer uso de la fuerza del estado para cortarnos del trabajo". Fue muy difícil, porque ahí se forma una disyuntiva muy grande para quienes se encuentran al frente de un sindicato, de un movimiento estatal de trabajadores. Se acercaba el aniversario del COBACH, entonces hicimos los primeros paros en los planteles, y logramos parar 16 planteles completos. Durante esa manifestación, en el plantel de Iguala, no nos apoyaron, una gran parte encabezados por Gerardo Gálvez Vázquez, hicieron oposición al movimiento. Esto fue debido a que Gerardo Gálvez Vázquez había adquirido compromisos con Julio César Hernández

Serna, tan es así, que le había otorgado ya algunas prebendas como el no asistir a clases, le dieron recursos para desmovilizar el movimiento. Gálvez golpeteó en Iguala a través de la radio, del periódico "El Correo de Iguala".

Empezamos a hacer paros y marchas hasta que tomamos las instalaciones del Colegio de Bachilleres y todos los planteles. Hicimos el primer paro de labores general histórico en el Colegio de Bachilleres. Cerramos las oficinas, hicimos marchas, plantones y aún así el problema no parecía tener solución.

Se percibió en ese momento la intención del Director General de prolongar el movimiento para debilitarlo. Afortunadamente los buenos oficios de algunos compañeros nos permitieron conocer a algunos políticos que pudieron escucharnos y llevar nuestra voz a otros espacios. Estábamos en reunión y la gente continuaba enardecida, la poca gente que quedó y aguantó hasta las 11 de la noche. En eso, seguramente Julio César Hernández Serna contrató a algunas personas, que pudieran estar de acuerdo en romper este movimiento. La idea era desmantelar el movimiento, amedrentarnos, pero esto nos hizo tener más fuerza. Como vimos que cedían ante la histórica primera huelga de hambre en el Colegio, tuvimos que aliarnos los dos Sindicatos, las dos organizaciones sindicales que tenía el Colegio de Bachilleres, con la Sección XXXI encabezada por David Guzmán Sagredo. Hicimos una alianza porque todos recibíamos los mismos tratos, y vimos que era una causa común, una lucha común, el derrocar al Director General.

Las marchas subsecuentes las hicimos de esta manera, aliados con los sindicatos, hasta el estallido de la huelga el 10 de octubre de 1997. Entonces Julio César, que se encontraba en sedes alternas realizando otros eventos, a algunos maestros los subyugó y compró, les dio cientos de horas, les dio puestos directivos, y realizó un evento en el Auditorio de Palacio de Gobierno para celebrar el aniversario. Al darnos cuenta de que estaba en ese evento, fuimos a tratar de manifestarnos en la plaza Juan Álvarez.

Posteriormente inicia la huelga de hambre que duró exactamente 6 días, en la que David Guzmán Sagredo y yo, Amado Guzmán, realizamos la primera huelga de hambre. Como el movimiento no avanzaba y no había respuestas de nadie, convocamos a prensa en la plaza central. Invitamos a unas enfermeras para que nos sacaran sangre y pintáramos con ella el Palacio de Gobierno exigiendo nuestras tan justas demandas. Este hecho dio la vuelta en todo el estado, y finalmente pudimos tener un acercamiento.

En los últimos días ya de la huelga de hambre, el Gobernador Ángel Heladio Aguirre pasó por donde estábamos los huelguistas en la avenida Juárez, donde está el Colegio de Bachilleres, nos vio en su camioneta y se bajó a saludarnos.

Nos preguntó el por qué de esa situación, y fuimos claros respecto a que no teníamos respuesta de Julio César y que era importantísimo que alguien nos escuchara. Abrió una mesa de diálogo, se nombraron representantes, se realizó el encuentro, en el cual no estuvimos nosotros, mandamos a nuestros representantes, porque nosotros como dirigentes mantuvimos la huelga. Sin embargo, estábamos informados de los avances.

Uno de los grandes logros fue que nos dieran lo que antes era el CEBE, hoy SEFI, una prestación que tenían los maestros de primaria y que, al revisar con nuestro atraso salarial, se dieron cuenta que no poseíamos. Fue una de las primeras prestaciones que se nos otorgaron y aceptamos. Debo también aclarar que hubo algunos maestros, que incrédulos, pedían que no se aceptaran pero sabíamos que a la larga obtendríamos beneficios. También se resolvió el pago del 5% de un apoyo salarial extraordinario. Esto fue un gran avance y los maestros empezaron a creer en la Asociación.

En ese momento se convirtió en un baluarte de la defensa de los derechos de los trabajadores. Éramos muy fuertes. Algunos teníamos experiencia siendo disidentes, como por ejemplo maestros de la primaria de las pertenecientes a la CNTE—a la cual yo también pertenezco-. Luchamos al lado del Consejo Central de Lucha (CCL), y después, en lo que se llamó la Coordinadora Regional. Estuvimos ahí no como dirigentes sino como gente que apoyaba estos movimientos. En ese entonces había la necesidad de que, para que les hicieran caso a los trabajadores había que luchar. Las exigencias eran que se nivelaran los salarios. Ya desde aquel tiempo se ha venido pugnando por la homologación de los salarios. También peleábamos porque hubiera mejores prestaciones, que hubiera más aguinaldo, y que tuviéramos seguridad, sobre todo base, porque en los planteles muchos maestros carecían de nombramientos. Luchábamos porque hubiera un proceso de basificación transparente.

Posteriormente, en 1992 y 1993, creíamos que era necesario tener asesores más políticos, jurídicos, laborales. Busqué la coyuntura para asistir a reuniones al SINTCB a México. Tuve la oportunidad de ir a Veracruz a conocer las experiencias de otro Sindicato. Por ejemplo, en Veracruz me di cuenta de que todos los Sindicatos que se reunieron, eran en efecto Sindicatos y no una Asociación como nosotros, que éramos una Asociación que intentaba hacer la función de Sindicato. Necesitábamos darle personalidad jurídica. Después fui a Tabasco, con el maestro Alfredo Manzanares, y pudimos recabar esas experiencias, cómo se organizaban, cómo combatían y cómo se constituyeron como sindicato. Ahí conocimos a una licenciada laborista muy famosa, que nos citó en la Ciudad de México. Asistimos a su despacho, nos *pintó* un cuadro muy difícil, sobre todo por la situación laboral. En su opinión, debíamos recorrer todos los planteles, afiliarlos, solicitarles documentación y su respaldo mediante firmas. Era todo un proceso que parecía ser complicado. En esa misma reunión tuve la oportunidad de conocer a otro licenciado laborista y el nos dio algunas ideas y tareas. De inicio, hicimos un contrato con José Luis Montes, que es el que nos acompañó hasta el 2002 en este proceso, y empezamos a recorrer los planteles.

Surgió la idea de hacer y fortalecer un Sindicato. A la par seguimos trabajando las demandas, eran luchas contra el Director General Julio César Hernández. Al no atender nuestras demandas futuras, volvimos a las calles a luchar. Inclusive aprendimos que no era importante la figura del Director General. Buscamos a otros negociadores, excluyéndolo en lo sucesivo. No estuvo presente en una de las minutas que se firmó del CEBE. Eso lo interpretamos como un logro.

Rompimos el mito de que habíamos nacido así, que siempre seríamos una Asociación y que no estábamos haciendo nada extraordinario sino que estábamos exigiendo un derecho constitucional a ser un Sindicato, a exigir lo que establece la Constitución. Por otro lado, la nuestra era una Asociación que no estaba ligada al SUSPEG pero que nos mantenía aislados no políticamente, sino laboral y jurídicamente. Creímos que era importante en esta nueva situación, armar un Sindicato que no perteneciera al SUSPEG, porque sabíamos que eso iba a estancarnos. En noviembre de 1998, nos reunimos en CONALEP, de manera secreta, para que Julio César Hernández Serna no interfiriera en estas reuniones, ya que conocíamos su falta de voluntad hacia nosotros, y se creía podría intentar boicotearlas. Convocamos a un Congreso al cual asistió gente de los planteles. En esa reunión se informó de los avances que se tenían respecto al asunto del Sindicato. Asistió el licenciado José Luis Montes, y los compañeros se pronunciaron a favor de la creación del Sindicato. Ahí se firmó el primer documento, la Declaratoria de creación del sindicato. Posterior a esa reunión, se recabó la documentación, mediante el Lic. José Luis Montes la presentamos a la Junta de Conciliación y Arbitraje—que rige a los trabajadores del apartado "A"-. Presentamos la documentación y esperamos la respuesta, haciendo las gestiones necesarias, en reuniones con el entonces Presidente de la Junta de Conciliación. Hasta ese momento teníamos entendido que Julio César *metió* política para que no se nos diera el registro como Sindicato.

Llegó 1999, el 20 de febrero, después de las revisiones de salario se logró un punto porcentual en el salario de los maestros. En el Congreso del 20 de febrero del mismo año, se hizo saber a los presentes que la noche anterior había sido entregado el registro como Sindicato de Trabajadores del Colegio de Bachilleres.

Fui citado en la Junta de Conciliación a las siete de la noche, y, de manos del propio Presidente, recibí la resolución de aceptación.

Ante esto, en el Congreso formalmente quedó establecido el STACOBACH, en un momento histórico. Esto quiere decir que ante todos los problemas laborales surgidos, el profesor, los agremiados, tendríamos la oportunidad de que si no había algún diálogo con la Dirección General sería la Junta la que determinara lo conducente y sobre todo, tendríamos el derecho de emplazar a huelga. Ese día, en ese Congreso, el Director Julio César Hernández Serna se encontraba tras bambalinas, y fue a saludar a los nuevos agremiados cuando la reunión general había terminado. Se realizaron algunos cambios, en algunas carteras de compañeros que no habían trabajado, según sus planteles, y se ratificó casi a la mayoría de los integrantes del comité por otro trienio al frente del STACOBACH. Yo fui electo Secretario General del Sindicato de Trabajadores Académicos del COBACH del Estado de Guerrero. Terminando el evento, Julio César Hernández Serna, saludó con beneplácito a esta nueva organización. ¿Por qué? porque más que entendimiento, establecimos acuerdos políticos, ya que había habido elecciones de Gobernador en Guerrero.

Quiero decir que el asunto de las elecciones fue algo coyuntural, mientras todos andaban buscando quien iba a ser el Gobernador, nosotros tuvimos la oportunidad de hacer movimientos y agruparnos con gente de peso político en el estado. Buscamos el momento preciso para que se nos reconociera de manera política en las calles, como Sindicato de lucha y presión. Aunado a esto Julio César, en aquella reunión de 1999, reconoce al Sindicato, y en agradecimiento tuvimos un acercamiento con el candidato a Gobernador, René Juárez Cisneros, y le pedimos ratificara a Julio César Hernández Serna como Director General. Julio César estuvo presente en esa reunión, que, *de entrada*, fue un compromiso político. Nosotros pedíamos su ratificación y él a cambio nos ofrecía una relación laboral más completa.

Ya en esta última etapa, Julio César sabía que no tenía que enfrentarse a alguien, y que las cosas no las iba a hacer sino había negociación previa, porque él estaba muy dado en los primeros años a hacer lo que él quería. Por ejemplo, para desbaratar las negociaciones cuando estábamos buscando basificar, Julio César, como es originario Acapulco, fue directamente a los planteles y buscó a algunos profesores de los planteles que se prestaron a esta maniobra. Los citó y le dio horas a Juan, a Pedro, a diestra y a siniestra a cambio de que *metiera* personas de su confianza. En el Plantel 2 de Acapulco, le dijeron que aceptaban que basificara ochocientas horas pero . . . "a nosotros nos vas a basificar al dos por uno". De esa forma entraban, por así decirlo, 20 trabajadores de cuarenta horas. Ese es uno de los grandes problemas que tiene el Colegio, que ahí, el Director General hipotecó al COBACH para siempre, sin importarle en lo mínimo la realidad financiera que tendría el Colegio en el futuro. En ese entonces dieron incremento de horas de manera unilateral.

Esa negociación la hizo a espaldas del nuevo Sindicato, que él mismo ya había reconocido. ¿Por qué? Porque era su forma política sucia, planear todo. Y luego, cuando todo se había ya planeado se iba a negociar en los planteles. De tal manera, que se le dio oportunidad de poder sentarnos a trabajar en 1999, que fue cuando Julio César sintió que podía ser removido. Esa situación lo ponía contra la pared, así que tuvo que negociar con nosotros la fecha de la firma del Contrato Colectivo de Trabajo. Se lograron plasmar las inquietudes en reuniones previas que se realizaron Chilpancingo y en Acapulco, hasta que, una vez pulido el trabajo, el 20 de septiembre de 1999 firmamos el primer Contrato Colectivo de Trabajo, entre COBACH y STACOBACH. Estuvieron presentes, un Representante del Gobierno Estatal, Julio César Hernández Serna, el Secretario General del Sindicato, Amado Guzmán Lagunas, Directores o Subdirectores Académicos y Administrativos. Se contó precisamente con el aval del Gobierno Estatal, con un representante de la Secretaría de Gobierno, y un representante del Presidente de la Junta de Conciliación y Arbitraje, del licenciado José Luis Montes nuestro asesor. Este último fue quien revisó algunos términos propios de materia de la Ley que iba en el Contrato. No omito decir que pasó lo mejor que se pudo y las nuevas prestaciones que ya habíamos ganado en las luchas como fue el CEBE. Posteriormente a esas reuniones en que ya tenemos nuestro contrato ahora si emplazamos a huelgas, hicimos una huelga en la que era por la revisión de prestaciones, en el año 2000.

En el asunto de las prestaciones 2000-2001, tuvimos muchos problemas a pesar de que ya teníamos contrato, ya teníamos nuestra organización registrada. Así que presentamos la demanda en tiempo y forma, como marca la ley, mes y medio antes, la llevamos a la Junta de Conciliación y Arbitraje. Regresamos a las negociaciones, el mes de enero, pero no hubo ningún avance en torno a los días del aguinaldo. Entonces buscamos una salida colateral, sabíamos que teníamos 45 días de aguinaldo, uno de los logros que alcanzamos a través del Gobernador Ángel Aguirre Rivero fue que se nos fuera dando paulatinamente 15 días, después 15 días más, hasta lograr los 45. Ese derecho no nos lo quería reconocer el Colegio ni el Gobierno del estado. Es así como tuvimos que enfrentar una lucha difícil. Entonces, de manera personal hice una buena amistad con el Secretario de Educación, Miguel Mayrén Domínguez, hice buena relación también con el Secretario de Gobierno, Marcelino Miranda Añorve, y con ellos estuve tratando de impedir este movimiento en el sentido de que llegaran a la negociación. Lamentablemente no se dio gran cosa, entonces tuvimos la oportunidad de ir a esta huelga en la que Julio César jugó un papel determinante, seguramente por presión del estado, para no dejar por escrito los otros 45 días de aguinaldo que pedíamos, y así sumaran los 90 días de aguinaldo. Julio César se opuso, estamos hablando de las 11:50 de la noche del 31 de enero del 2000, no quiso abrir la puerta, tuvimos que quitar a la fuerza los candados para poder poner nosotros las cadenas, la manta de huelga y emprender la lucha.

Esta lucha duró cinco días, porque emprendimos acciones alternas durante la huelga, para que, finalmente a las 12:00 de la noche, también nos declarara nuestra huelga de manera inconstitucional, inválida, porque no reuníamos los requisitos. Al día siguiente, en el Diario Vértice ya venía declarado que el Presidente de la Junta, mismo que nos había dado el registro, declaró nula la huelga. Julio César se *movió* en todos los planteles, mandó fax a eso de las 12:00 de la noche y decía que era ilegal la huelga, que el que se fuera a la huelga "sobre su salario, sobre su trabajo". Los maestros asumieron una actitud fuerte, así que decidimos ir a la huelga, aunque fuera inconstitucional para ellos, para nosotros era un derecho, y lo ejecutamos. En esa ocasión también se firmó una prestación que hasta ahora gozamos, que es la 45 días más de aguinaldo, como prestación.

Una vez terminada esta huelga y con esta firma, alcanzamos uno de los ideales de todos los trabajadores, que es el de tener más prestaciones que nos pudieran ayudar a nuestra economía. Esos serían los logros que tuvimos en este período, que fue del ya como Sindicato de 1999 al 2002, en el que tuve todavía la oportunidad de hacer otras modificaciones al Contrato Colectivo. Lo mejor fue que, al término de seis años, logramos articular una Organización Sindical de Derecho, un Sindicato, y pudimos mejorar nuestras prestaciones, darle también a los trabajadores la oportunidad de estudiar, de prepararse, que el colegio también los apoyara con recursos para continuar formándose. En agosto de 2001, se firmó un convenio en el que se establecía la formación de los docentes, y en esa ocasión los cubanos firmaron un Diplomado, junto con el COBACH. El costo lo absorbió el Colegio de Bachilleres, y los primeros grupos que se abrieron fueron en Chilpancingo y Acapulco. Se formaron alrededor de doscientos maestros en esos diplomados, en los cuales vieron otra perspectiva pedagógica para su trabajo en el aula. El Diplomado se llamó "Una perspectiva desarrolladora para la transformación de la escuela".

Después, continué durante el período de David Guzmán Maldonado como Director General. Fue un tiempo en el que hubo algunas marchas, algunos hubo asuntos se pudieron negociar en el último día de la huelga, porque finalmente aceptamos y él accedió a mejorar algunas condiciones de trabajo. A todo ello el Sindicato continuó firme, con la idea y convicción de que la única forma de poder alcanzar nuestras demandas es a través de la lucha.

Muy diferente a los otros Directores, a Eutimio no le dio tiempo de poder dialogar con nosotros debido a la brevedad de su gestión. Julio César fue el más difícil de todos los Directores por la cerrazón que mostraba ante cualquier petición de por parte de los trabajadores. Se negaba a que mejoráramos las condiciones laborales, y, sobre todo, creyó que con su actitud de no ceder, de no mejorar las prestaciones, a sabiendas de que sí se contaba con el presupuesto necesario, que sí tenían otra nómina con la cual se pagaba apoyos extraordinarios. Ese hecho que descubrió en los períodos posteriores, del 2004-2005, el que habían dos nóminas distintas a las cuales no pudimos accesar por falta de tiempo. Fue así, más por falta de tiempo que por no tener una presencia política de unidad en el estado, que pudiera abrirnos las puertas en todos los espacios. Con esto me refiero a los nuevos planteles, del 17 al 31, que representaba un promedio de 300 maestros más. Julio César tenía la idea de que hubiera dos niveles, él sabía que la Ley era clara en ese sentido, no podía haber maestros de primera ni de segunda. Entonces, con la condición de que había que formar un Sindicato y de agremiar a todos los trabajadores del COBACH, fuimos creciendo en unidad y presencia política. Podíamos seguir afiliando trabajadores, aún más porque ya estábamos reconocidos.

En una reunión que sostuvimos, posterior a la salida de Julio César, recuerdo que los planteles del 17 al 31 no tenían los mismos días de aguinaldo, así que luchamos para que también ellos recibieran esos beneficios. Así, todas las prestaciones fueron otorgadas de manera homogénea, y todos tuvieron acceso a procesos de basificación.

La relación que tuvimos con los Sindicatos de Bachilleres fue muy importante en todas las luchas. Por ejemplo, en las huelgas anteriores, tuvimos la oportunidad de que viniera gente de otros estados a solidarizarse, vinieron los de Tabasco, los de SINTCB México, y ellos hicieron aquí sus declaraciones. Hicieron públicas sus posturas respecto a nuestra lucha y respecto a sus Sindicatos, hicieron paros en sus estados, inclusive en los periódicos Excélsior, y el Universal fueron publicadas notas de apoyo para nuestro Sindicato. La nuestra no fue una lucha aislada, sino que fue hecha a nivel nacional y estatal.

Recuerdo anécdotas muy importantes, por ejemplo, el hecho de que el SNTE contribuyó mucho, cuando se cerraban algunas negociaciones con el Secretario de Educación, el SNTE mismo a través de su Secretario General nos abrió las puertas para poder sentarnos a negociar. Ayudaron mucho a que se lograra la última plática que tuvimos, en la cual ya las autoridades no querían darnos ninguna respuesta a las peticiones del aguinaldo. Fue gracias al SNTE que se dio el diálogo.

La visión que imprimí durante mi gestión, sin ser totalmente de izquierda, sin tener ideas totalmente radicales y extremistas, fue la convicción de velar por las necesidades de los trabajadores. Sabía que si yo construía para ellos construía por el bien de todos. Se logró organizar a la gente, que tuviera credibilidad, se transformó la Asociación en Sindicato, se le dio su Contrato Colectivo de Trabajo, el aguinaldo, el CEBE, las prestaciones, las prestaciones de puntualidad y asistencia, un nuevo Reglamento para la Eficiencia Académica. Se lograron los días no disfrutados, que son cinco. Obtuvimos becas para que se fueran a estudiar cinco compañeros a diferentes partes, becas comisión para que se les pagaran sus salarios íntegros. De manera interna fortalecimos a los planteles nombrando dirigencias sindicales con estructura en cada plantel, logramos nombrar Secretarios de las delegaciones, y reproducimos la estructura sindical estatal en los planteles. Se lograron crear las Comisiones de Higiene y Seguridad que marca el Contrato Colectivo, algunos planteles recibieron el beneficio de laboratorio, de batas de laboratorio. Así mismo, los problemas de despido fueron ventilados en la Junta de Conciliación y pudimos rescatar algunos.

Otro logro fue que se nos dieron terrenos en Capellanía, en Chilpancingo, y se construyeron casas para los trabajadores. Se ofertaron 100 viviendas, pero no todos los trabajadores reunieron los requisitos. En Iguala, se lograron algunos terrenos pero muy pocos alcanzaron ese beneficio porque no cumplieron los requisitos. En cuanto a préstamos de vivienda, tuvimos la oportunidad de gestionar algunos préstamos para construcciones de vivienda, principalmente en Acapulco. En una ocasión tuve la oportunidad de alcanzar hasta la construcción de un Sindicato en terreno propio, pero esta prestación fue desechada por el Sindicato, porque nos parecía que era más oportuno que les llegara a todos los trabajadores este beneficio a que se construyera un edificio para nosotros, aunque a la fecha no se cuente con ningún espacio propio.

El Maestro Amado Guzmán Lagunas, es actualmente catedrático del Plantel 7 Acapulco, tuvo la oportunidad de estar en dos períodos consecutivos; en el cuarto período de la APACOBACHEG y en el primero del STACOBACH. El logro más importante fue el reconocimiento como Sindicato, la firma del Primer Contrato Colectivo de Trabajo, el haber estallado la primera HUELGA en el COBACH. La Huelga de Hambre y sus luchas en contra del Director General Julio Cesar Hernández. Amado Guzmán Lagunas fue un importante protagonista de estas jornadas.

—

5.2.5 Leonardo Castrejón Álvarez (2002-2006)

El profesor Leonardo Castrejón Álvarez es fundador del Plantel Número 8 de Ayutla. Ha participado en todos los Comités Ejecutivos, Segundo Secretario General del Sindicato Único de Trabajadores Académicos del Colegio de Bachilleres del Estado de Guerrero (STACOBACH). Actualmente es asesor del SUTCOBACH.

¿Cómo se desarrolló el congreso donde fue electo?

Quiero comentar que el anhelo, la aspiración a la Secretaría General no es una decisión casual sino que es resultado de todo un proceso en la lucha y en la gestión social del COBACH. En el año de 1989 tuve la oportunidad de ocupar la Secretaría de Seguridad Social Crédito y Vivienda, empecé a recorrer los planteles con gestión, en la cual tuviste (el Lic. Jesús Alberto Jaramillo Rodríguez) la oportunidad de estar en la Secretaría de Trabajo y Conflictos. Desde ese momento tenía la inquietud de seguir participando en la lucha sindical.

En el año de 1996, me vuelvo a incorporar y ocupé una cartera de tiempo compartido, con diez horas en el Comité Ejecutivo de 1996 a 1999. Sin embargo, esas diez horas me permitieron seguir gestionando para los trabajadores del COBACH y me posibilitó irme posicionando al recorrer los planteles, y tener acercamiento con dirigentes y líderes. Así fui construyendo lazos y consensos para aspirar a la Secretaría General, a finales del 99. En esa fecha, los delegados de casi todos los planteles me conocían, a tal grado de que tenía una posición importante.

Amado Guzmán Lagunas se reeligió en noviembre del 98, tres meses antes que concluyera el período en febrero del 99, año en que se hizo el cambio de APACOBACHEG a STACOBACH. Por el logro de esa razón jurídica, Amado tuvo la oportunidad de volver a concursar para la Secretaría General. En esa ocasión ya bastantes compañeros me propusieron para buscar la Secretaría General. Sin embargo, mi análisis era que todavía me faltaba, que debía estar más posicionado. No era una lucha sencilla, no era solamente disputarle la Secretaría General a Amado Guzmán Lagunas, sino que influían factores externos, como el que en ese entonces era el Director General, el propio Gobierno del estado, y con esos elementos no era tan fácil disputar la Secretaría General. Había que buscar otros consensos fuera del COBACH, sobre todo por los gobiernos que había en aquel entonces, emanados del PRI, en donde llevan un seguimiento de quienes son los dirigentes, quienes son líderes en cada una de las Instituciones, y finalmente ellos van perfilando quienes creen que van a poder trabajar con ellos.

El STACOBACH nació como un apéndice del propio Gobierno del estado, y eso hizo que en el 99 ganara Amado Guzmán Lagunas la Secretaría General. Yo ocupé la cartera de Organización, desde donde seguí trabajando para que me conocieran más, hice recorridos, hablé con los líderes y me *fui metiendo* un poquito más con los Planteles por Cooperación.

El Director General desde 1996 al 2000, fue el Licenciado Julio César Hernández Serna, un hombre muy duro, que atacaba los movimientos sociales. Era totalmente ajeno, intolerante con la disidencia, y eso complicaba mi relación con la Institución por mi formación en el Partido de la Revolución Democrática. Mi militancia me enfrentaba también con Fermín Gerardo Alvarado Arroyo. Sin embargo, en el 2000, llega David Guzmán Maldonado, un Director con el sello del Figueroísmo, un director que venía de las filas del PRI, a grado tal de que era el Suplente de la Senaduría de Héctor Vicario Castrejón. Eso complicaba la relación del COBACH, porque el Figueroísmo había atacado a las Organizaciones Sociales y a los Sindicatos que no se *cuadraban* directamente a la política oficial. No obstante, David Guzmán no perdió de vista que tenía un compromiso institucional y tendría que apoyar a un compañero trabajador, que aspiraba a Secretario General y que tenía coincidencias partidarias. De esa manera puedo decir que transité esos dos años que me tocó trabajar con David Guzmán Maldonado—del 2000 al 20002-, siendo Secretario General Amado Guzmán Lagunas, y recibí un trato de respeto.

El 19 de agosto del 2001, el Secretario General Amado Guzmán Lagunas, hace una reunión espontánea, pero llegan todos los miembros del Comité Ejecutivo, y de un tema que no estaba en el Orden del Día, dado que era una Reunión de Carácter Ordinaria, se aborda el tema de la sucesión y no sólo eso, sino que se tendría que votar ahí para que el Comité Ejecutivo pudiera ir perfilando el Candidato oficial del Comité Ejecutivo. En ese momento di a conocer mis aspiraciones a representar a los trabajadores. Finalmente se dio la votación y Amado Guzmán Lagunas, abiertamente impulsó al compañero José Alfredo Manzanares García. Esa votación le favorece al compañero Manzanares, con la idea de que saliera como candidato único, y que ahí mismo a quien no le favorecieran los votos públicamente declarara el apoyo al ganador. El compañero Amado Guzmán Lagunas y José Luis Nava Castillo me dijeron que declarara mi apoyo a José Alfredo Manzanares García. Sin embargo, conociendo que había sido una reunión apresurada, no por el compañero José Alfredo Manzanares García, sino por los autores intelectuales, yo me negué y les advertí que tendría que buscar la opinión de mis bases, que eran Plantel 3 de Iguala, casi todos los planteles de la Costa Chica, desde Ayutla; y de la Costa Grande, Petatlán.

—

El siguiente paso fue recorrer los planteles que estaban impulsando mi candidatura para plantearles esta situación, y el equipo finalmente decide que debo buscar la Secretaría General en octubre de 2001. Hablé con el Director General, y le solicité que mientras un servidor fuera Secretario de Organización, por la fuerza política y la autoridad moral que tenía, le solicitaba y exigía que no se atreviera a evitar que siguiera haciendo gestión y campaña. Le solicité no intervenir en este proceso, que dejaran a los trabajadores ejercer su derecho.

Finalmente llegó el día del Congreso, el 20 de febrero de 2002, en el Puerto de Acapulco. En aquel entonces, el Comité Ejecutivo se elegía por delegados al Congreso, que en total eran ciento diez, incluyendo al Comité Ejecutivo. Yo llegué con 57 Delegados contra 53 de Amado Guzmán Lagunas. Al verse en desventaja, me impidieron la entrada a ese Congreso, argumentando que había violentado la Convocatoria, y dieron por cancelado el evento argumentando que no había condiciones para que se desarrollara. Tuve que convertir el lobby del Hotel "Calinda" en auditorio y ahí realicé un Congreso paralelo y nombramos al Comité Ejecutivo, donde fui electo Secretario General. Por la noche me presenté con David Guzmán Maldonado, y le notifiqué que por decisión de la base trabajadora, yo era el nuevo Secretario General del STACOBACH. Sin embargo, dijo que él esperaría el reporte que le hiciera Amado Guzmán Lagunas con su equipo, y que se daba por enterado de nuestro resolutivo de Comité Ejecutivo. A partir de ese momento empezamos a hacer gestión para nuestros representados, por eso realicé una Segunda Reunión, donde sostuvimos otra plática con el Director General. Sin embargo para esos momentos Amado Guzmán Lagunas ya estaba llamando a un Segundo Congreso, para reponer el anterior. Entonces nosotros como Comité Ejecutivo paralelo, tuvimos una disyuntiva, o seguíamos como Comité Ejecutivo paralelo o asistíamos a ese Congreso, finalmente la decisión de nuestro equipo decidió ir a ese Segundo Congreso para refrendar que nosotros teníamos mayoría.

En ese Segundo Congreso, ahí en Acapulco en el mismo lugar, como una nueva estrategia decidimos llegar muy temprano para poder platicar con los compañeros Amado y Manzanares, para que fijáramos las reglas mediante las cuales se iban a acreditar los Delegados. Para ese entonces Amado Guzmán y su equipo aprovecharon para cambiar en algunos Centros de Trabajo, a Delegados que eran afines nuestros. No obstante, logramos que se conformara una Comisión, y los criterios a través de los cuales se iban acreditar los Delegados, que se respetaran los Delegados que ya habían sido nombrados con la Convocatoria del Primer Congreso.

Eran dos asuntos clave: la instalación de la mesa de debates que finalmente era el primer elemento que podría ya dar una lectura de quien podría ganar. Con una diferencia de un voto a favor logré ganar la mesa de debates. Para la elección del Secretario General solamente se presentaron dos candidatos Leonardo Castrejón Álvarez, y el compañero José Alfredo Manzanares García. Ya en la votación, tuve una diferencia no de un voto como sucedió en la mesa de debates, sino de cinco votos más. El momento fue muy difícil, muy complicado porque los Delegados estaban hasta cierto punto indecisos, había mucha incertidumbre. Pese a ello, me constituí en Secretario General a partir del día 27 de febrero del 2002.

Iniciamos una nueva etapa del Sindicalismo, en donde ninguno de nosotros como dirigente va a servir a los demás pensando que les debes un favor, sino porque son tus convicciones, porque tenemos convicciones de servirle a nuestro gremio. Era Director General, David Guzmán Maldonado de 2000 a 2004, y vio a un Sindicato organizado, con compañeros combativos, que teníamos capacidad de movilización y de gestión. Entendió que el mejor camino era el respeto a nuestras demandas y peticiones de beneficios colectivos y eso fue muy importante en este inicio del nuevo Comité Ejecutivo.

¿Quiénes integraron el Comité Ejecutivo?

El compañero José Alfredo Manzanares García ocupó la Cartera de Organización; Román Zúñiga García, Javier Barrera Hernández, Gustavo Víctor de San Jerónimo, Javier Barrera Hernández de Iguala, Linda Abellaneda del Plantel 7, Carlos Mesino del Plantel 16, Everardo Gómez Serna del Plantel I, Salomón Alvarado, Pedro Hernández Garnica, Filogonio Santos Ureña, Eusebio Juárez Vázquez, Adolfo Martínez Abarca y Alejandra Espinosa del Plantel de Taxco, y José Martín Romero Medina del Plantel 12 de Zirándaro, por nombrar algunos de los compañeros.

Salí de las filas del plantel 3 de Iguala, y políticamente tuve todo el respaldo del Plantel 8 de Ayutla y la totalidad de los planteles de la Costa Chica, con José Antonio Salvador López del plantel 8, quienes son los que integraron nuestro Comité Ejecutivo.

¿Quién era el Director General y cuál era la relación político laboral que se mantenía?

El respeto al Comité Ejecutivo era el respeto a los trabajadores, el respeto a sus demandas más sentidas, esa fue la relación que tuvimos con David Guzmán

Maldonado. El Gobernador era el Licenciado René Juárez Cisneros. Tengo que comentar que una gestión Sindical siempre es problemática, a pesar de que marcamos una nueva línea política de trabajo con nuestros compañeros dirigentes. Siempre dimos facilidades a todos nuestros representados, a nuestras bases, dándoles garantías y, sobre todo, el respeto, tanto a las bases como a los miembros del Comité Ejecutivo.

¿Por qué se expulsa a ex dirigentes de la APACOBACHEG?

En las organizaciones democráticas, siempre hay algunos que no alcanzamos a asimilar que la democracia es para llegar a acuerdos. La democracia te permite que hagas uso de derechos que antes no tenías, que no que te tengan controlado, y desarrollar tus ideas con la orientación de que debieran de ser ideas de carácter colectivo. Siempre hay algunos que no alcanzan a comprender, tanto a nivel dirigente como a nivel base, y finalmente tenemos que entender que la democracia te permite crear grupos. Reconozco que esto permitió que algunos compañeros mal entendieran el ser democrático y empezaran a formar grupos que finalmente se volvieron disidentes. Ahí tenemos compañeros del plantel 32 Ruiz Cortines, un grupo más bien disidente que no nos entendió y quisieron ir más allá de lo permisible y empezaron a organizarse, junto con compañeros del plantel 16, y a asumir una actitud totalmente contraria a los intereses colectivos que habíamos marcado para todos los trabajadores. Esos compañeros empezaron a buscar más que beneficios colectivos, presionaron al Comité Ejecutivo para buscar beneficios de grupo y eso no tiene cabida en la democracia. Entonces, como ya he dicho que debemos de buscar los beneficios que sean para la gran mayoría de los trabajadores, así que finalmente lo respetamos. No compartimos su forma de hacer política pero lo respetamos porque es un principio de la democracia, el respetar a la disidencia, a los que no piensan igual que nosotros. Sin embargo, nunca compartimos su forma de hacer política, una política de grupo, mezquino, con intereses totalmente alejados de los intereses colectivos.

Ese grupo fue conformado por compañeros del plantel Ruiz Cortines, y un grupo del Plantel 16. Más tarde se extendió al plantel I. Todos ellos encabezados por gente como el compañero José Magallanes Miranda y Alejandro Castro, que son líderes naturales de ese movimiento. En el plantel 16 encabezan Felipe Ortiz Cuevas y Carlos Mesino García; y en el plantel I, el ex Coordinador General José Luis Adame Ávila. Se empezaron a organizar como un grupo que disiente en sobremanera de la política colectiva que mi Comité estaba impulsando, y empiezan a tener sus propios intereses, totalmente contrarios a lo que la gran mayoría de los trabajadores requiere y desea. Ello a pesar de los llamados que le hace el Comité Ejecutivo, las comisiones autónomas, sobre todo la de Honor y Justicia para que conduzcan todas sus inquietudes y demandas, en torno a lo que marcan nuestros documentos básicos, sobre todo a nuestro Estatuto Jurídico, que se conduzcan de manera institucional.

Se pidió a la disidencia que diriman sus inconformidades retomando nuestra base jurídica, los Estatutos. A pesar de todo, los compañeros se excedieron, se extralimitaron de los lineamientos jurídicos, al grado de que la propia Comisión de Honor y Justicia se vio en la necesidad de llevarlos a otro nivel, donde estatutariamente tiene que informar, que son los Congresos. Ahí la Comisión tiene que informar a los Delegados que asisten, y representan la voz de los trabajadores, para que juntos tomen una decisión en torno a aquellos compañeros que han violentado el Estatuto Jurídico, que han actuado fuera del marco de legalidad establecido por nuestros documentos básicos.

De esa manera en el Congreso que se llevó a cabo el 26 de octubre del 2005, la Comisión de Honor y Justicia informó a los Delegados de la actitud de los compañeros de los planteles 1, 16, y 32, que habían violentado el Estatuto Jurídico. Ante esta situación, el pleno de los congresistas, decidió expulsar a compañeros nuestros, que hasta ese entonces formaban parte de nuestro gremio. Fueron expulsados de nuestro Sindicato. Para ese momento ya se habían agotado muchas de las instancias que la propia Comisión de Honor y Justicia contempla entre sus obligaciones y facultades. Desafortunadamente, José Luis Adame Ávila es expulsado, a pesar de que se le pide que se conduzca dentro de los términos estatutarios. El confronta y enfrenta al Congreso y por eso los Congresistas toman esa decisión. Fue una resolución difícil, pero necesaria en ese momento para dar estabilidad al Comité Ejecutivo.

¿Por qué el cambio de STACOBACH a SUTCOBACH?

Otro tema muy importante es el rumbo que se da al Comité Ejecutivo, el aglutinar a todos los trabajadores en un sólo sindicato. Esta había venido siendo una inquietud ya desde tiempo atrás, muchos trabajadores administrativos habían solicitado su ingreso a nuestra Organización Sindical, producto de la desatención que sus dirigentes les habían venido dando, de la falta de atención a sus demandas más sentidas. Esos elementos hicieron que ellos volvieran la mirada hacia nosotros. Fue así que solicitaron su ingreso y eso motivó a que esta Organización Sindical pusiera a consideración, en uno de los Congresos nuestros, la necesidad de aglutinar a todos los trabajadores del COBACH en una sola organización.

Este fue el principal motivo para el cambio de siglas de nuestra organización, para que jurídicamente pudiera tener viabilidad este nuevo reto de afiliar a los trabajadores. Así se inicia nuestra gestión, damos nuestros primeros pasos para poder cambiar de STACOBACH a SUTCOBACH. Dejamos de ser un Sindicato Gremial para ser un Sindicato de Empresa, que jurídicamente nos daba la posibilidad de poder afiliar a todos los trabajadores del COBACH. El cambio de siglas obedece a un proyecto político, para que se le diera más consistencia a nuestra Organización Sindical, más fuerza para poder negociar en mejores condiciones en beneficio de los trabajadores. A la vez, dimos un giro a la ampliación de años de ejercicio. Tradicionalmente los sindicatos duraban tres años, sin embargo a nivel nacional y estatal algunos Sindicatos empezaron a ampliar sus períodos a cuatro años, así que decidimos caminar en esa dirección. No sólo fue el hecho de aumentar el periodo de gestión, sino que la ampliación llevaba un sentido más práctico. Las negociaciones de Contrato Colectivo, por lo regular son cada dos años, entonces los Comités Ejecutivos entraban en su primer año de gestión con un contrato que había negociado el Sindicato saliente. Por eso es que teníamos que trabajar con un proyecto diferente al que había sido nuestra propuesta, con algo que no habíamos elaborado nosotros, con lineamientos de carácter social ajenos. A la vez, era obligación del Comité en turno negociar un Contrato que ya no le tocaría operar, sino al Comité Ejecutivo siguiente. Esto daba pie a un desajuste. Lo que hicimos ahí operativamente, es negociar dos contratos colectivos en su integridad, de esa manera no solamente lo negociábamos, sino que lo *echábamos* a andar para que en el siguiente período el nuevo Comité Ejecutivo hiciera su propia negociación y después operara sus propios logros. Así haría su negociación, lo desarrollaría durante cuatro años, operaba dos, hacía dos revisiones contractuales por período y cuatro salariales. Esto le permitía trabajar su propio proyecto y le daría la misma oportunidad a quienes les sucedieran, para que hicieran su propia negociación contractual independientemente de la salarial.

¿Cuáles fueron los principales movimientos sindicales durante su gestión?

A mí me tocó una etapa muy importante, muy bonita. Si bien es cierto que a nivel estatal tuvimos una importante cobertura, muy de cerca de los movimientos sindicales, más allá de eso, también estuvimos cerca de las organizaciones sociales, más allá de los sindicatos y de las Organizaciones Sociales de izquierda, en el propio PRD. Estuvimos cerca porque yo soy militante activo. El partido cuidaba a sus líderes y yo, uno de ellos, estaba al frente del Sindicato del COBACH. Finalmente fue una gran cobertura, y esto nos daba un partido fuerte. Dado que yo soy un militante activo, se concretizaría en logros para los trabajadores, porque el patrón Gobierno, el Director General, sabía perfectamente que un servidor no era un dirigente con solamente bases sociales en el COBACH, sino que trascendía más allá de los que era el COBACH, teníamos el apoyo de un partido fuerte, de un partido en ascendencia a nivel estatal y a nivel nacional muy importante.

¿Qué relación mantuvo su Comité Ejecutivo con los sindicatos de otros estados?

Desde el primer momento en que asumí la dirigencia, inmediatamente entablé relaciones con la Unión Nacional de Sindicatos del COBACH, y tuve la oportunidad de ser fundador el 7 de marzo del 2002, a una semana de haber tomado posesión. Asistí a la Primera Reunión Nacional en Tlaxcala, donde desaparece la Federación de Sindicatos que había sido un proyecto de años atrás, del 93 al 94. En esos años se empezó a trabajar una Federación, que finalmente fue decayendo, no tuvo los resultados que se esperaban, así que dimos el gran paso de conformarnos en Unión Nacional de Sindicatos del COBACH. Esto sucedió, dado que la figura de "Unión" nos permitía estar ahí, juntos, Sindicatos de Apartado "A" y Sindicatos de Apartado "B", no reñía jurídicamente y entonces adoptamos la figura de Unión Nacional de Sindicatos. En ella se incluyeron todas las Organizaciones Sindicales de los COBACH.

Es así como empezamos a trabajar en la estructura de la propia organización, a la vez que inició la gestión social. Esa Unión debía de tener un sentido social para los trabajadores y se trabajó en posicionarla a nivel nacional como gestora de dichos beneficios. La primera reunión se realizó en Tlaxcala, después en Tabasco, luego en Durango, en el Distrito Federal, y en Acapulco. En esta última fuimos anfitriones en 2003.

Posteriormente, en el periodo 2005-2006, logramos ser parte de la mesa colegiada. Eso fue muy importante porque el ser parte de la Dirección de la Unión Nacional de Sindicatos nos permitió formar parte de manera directa del trabajo de gestión, estar cerca, formar parte de las mesas negociadoras con la Subsecretaría de Educación Pública, con la Oficialía Mayor, con todas las dependencias que dependen de la SEP, que fueron de gran ayuda para enterarnos

—

de los beneficios que hay en otros subsistemas. Descubrimos que en el COBACH estábamos ganando por debajo del tabulador oficial que la propia Secretaría de Educación tenía para todos los Subsistemas COBACH. Nos dimos cuenta de que hacía tiempo los tabuladores habían cambiado y Guerrero no gozaba aún de estos beneficios. Inmediatamente se iniciaron las gestiones para recuperar ese tabulador salarial. Esto sucedió en el período del Gobierno Democrático, aquí en Guerrero, estando en la Dirección el Doctor Carlos Payán Torres. A la vez, se realizaron las gestiones ante la Dirección General del Bachillerato, con el Ingeniero Ricardo Ossiel Flores Salinas, que era el Director General. Pedimos la intervención del Ingeniero Ricardo Flores ante el Doctor Carlos Payán Torres y, afortunadamente, hubo comprensión y aceptación. Fue en ese año, 2005-2006, que se empezó a pagar el tabulador oficial, lo cual indudablemente representó una gran ayuda para los trabajadores. Incluso pedimos un retroactivo.

Todo esto forma parte de los logros más importantes y de la cobertura política que nos ha dado la Unión Nacional de Sindicatos de los COBACH. A través de la Unión hemos venido luchando, y seguimos luchando por la anhelada nivelación salarial. La nivelación salarial es un concepto que tomamos como referente para poder nivelarnos salarialmente con los compañeros de Educación Básica. Aquí muchos se preguntan por qué los maestros de Bachilleres quieren nivelarse a la par de los maestros de Primaria, pensando que debiéramos nivelarnos al propio subsistema de Educación Media Superior. A ellos les respondo que aspiramos a nivelarnos salarialmente a nuestros compañeros maestros de Educación Básica. No queremos hacerlo en el aspecto académico, aquí me queda claro que académicamente ellos son un nivel básico, nosotros tenemos un nivel más avanzado. No obstante, nuestra aspiración no es nivelarnos de carácter académico, nuestra aspiración es salarial. Los compañeros de Educación Básica ganan de 120 al 240% más de lo que ganamos los trabajadores del COBACH, por hora, semana, mes. Por eso es que aspiramos a nivelarnos salarialmente con respecto a Educación Básica. Ese planteamiento lo hicimos ante el Doctor Reyes Tamez en 2004, en un Congreso Académico en Colima, donde se reunieron todos los funcionarios del sector educativo, desde la Comisión de Educación hasta los Secretarios de Educación de los Estados. Ahí la Unión de Sindicatos planteó al Doctor Reyes Tamez la necesidad de que los trabajadores de los COBACH mínimamente pudieran ganar como ganan los trabajadores de Educación Básica. Hubo buena respuesta por parte del Secretario de Educación. Se programaron reuniones con el apoyo de la Cámara de Diputados, del Presidente de la Comisión de Educación, Salvador Martínez Della Roca, y con la Diputada Tatiana Clouttier, quienes fueron elementos muy importantes impulsando y promoviendo este programa ante el Doctor Reyes Tamez. De esta manera se logró convencerlo de que era necesaria una nivelación salarial. El Secretario de Educación Pública aceptó y propuso realizar la nivelación de manera gradual, a 5 años, porque se requerían enormes cantidades de recursos, más de mil quinientos millones de pesos. Esta propuesta fue aceptada y se echó a andar en el 2005-2006. En 2005, por primera vez, la Cámara de Diputados asigna recursos para el programa de nivelación salarial, para iniciar este proyecto. Sin embargo, todo se *atora* y retrasa en la propia Secretaría de Educación Pública. Llegado el momento de operar el programa de nivelación salarial, la Secretaría empezó a diseñar una normatividad interna para que los recursos llegaran a los trabajadores de los Colegios de Bachilleres. Esta política chocó de manera frontal con el proyecto de nivelación salarial, que en términos reales es un incremento salarial, adicional al incremento ordinario que se hace cada año para poder nivelarnos con los compañeros de Educación Básica, y de ahí surgen diversos problemas y dilemas.

¿Cuál fue su propuesta, homologación o nivelación salarial?

A la Unión Nacional de Sindicatos del COBACH, de la cual formamos parte, nos queda claro que los recursos tienen que destinarse para mejorar el salario de los trabajadores. Tiene que ser un incremento salarial no sólo porque, técnicamente, así está aprobado en la Cámara de Diputados, sino por el sentido social de recuperar ese salario, el desfasamiento salarial que los trabajadores del COBACH tenemos con respecto a nuestros compañeros de Educación Básica.

Se descubrió que en la educación hay una discriminación hacia los trabajadores del COBACH y eso no lo podemos aceptar. Esa normatividad salarial discrimina a los trabajadores y nos queda claro que todos los trabajadores de los COBACH, desde el Intendente hasta el Director General, tienen derecho a ganar un mejor salario. Sobre todo quienes hacen que se mueva el COBACH, los que dan vida al COBACH, que son los maestros y los trabajadores administrativos, actores centrales del Colegio de Bachilleres. De esta forma, no podemos llevarlos a un concurso para ver quién es el que tiene que ganar más y quien no porque lo que se busca es buscar el mejoramiento de la calidad de vida de todos los trabajadores. Por el sólo hecho de ser trabajador del Colegio de Bachilleres se tiene derecho a, mínimamente, a aspirar a lo que ganan los maestros de Educación Primaria. Por eso promovemos la nivelación salarial y vamos a seguir luchando. Jurídica, política y socialmente le haremos ver al Gobierno que es necesario mejorar las condiciones laborales de los trabajadores del COBACH, para que ellos a su vez, mejoren también la calidad de la educación para los jóvenes guerrerenses y de nuestro COBACH. La propuesta, para nosotros, es la nivelación salarial.

¿En qué momento se determina la creación de la H. Comisión Autónoma Estatal Electoral?

Durante mi período de gestión, dentro de las grandes reformas que se hicieron al Estatuto,—como la ampliación de tres a cuatro años, la recomposición, restructuración de las carteras, quince carteras, pero todas de tiempo completo con el objetivo de que así se mejorara la atención a los representados-, se creó Comisión Autónoma Estatal Electoral.

Esto tiene un sentido y un simbolismo muy importantes, porque cuando me tocó competir, competimos con un Estatuto que otorgaba facultades excesivas para el Secretario General en turno, con facultades para la estructura y eso complicó mi candidatura, dado que toda la estructura estaba en manos de quien era el Secretario General y de su equipo, y desde ahí se operaba todo. Por tal motivo, lo que quisimos fue mejorar la forma de participación, realmente posibilitar la intervención de todos los trabajadores, que todos se sintieran parte de este proyecto.

Para eso fue necesario nombrar una Comisión Electoral Autónoma totalmente separada del Comité Ejecutivo, con facultades plenas para organizar un proceso electoral, limpio y transparente, con todo lo que ello implica. Decimos limpio y transparente porque es el deseo, el anhelo que tenemos como trabajadores, sin que esto quiera decir que los procesos anteriores hayan sido cuestionables, y sin descalificar a los Institutos y Organizaciones. La intención fue la de mejorar y brindar confianza a los trabajadores, la certeza de que su voto iba a ser respetado.

Es en este contexto que se crea la Comisión Autónoma en el 2005. Fue integrada por el Lic. Jesús Alberto Jaramillo Rodríguez, Presidente; el Profesor José Ma. Tostado Loaiza, Secretario; el Profesor Domingo Dircio Abrajám, Primer Escrutador; y el Profesor Fausto Cruz Ortega, como Segundo Escrutador. Ellos llevaron a cabo este Proceso Electoral. La Comisión contó con todas las facilidades y la autonomía requeridas para efectuar la elección.

Lo que se buscaba era que los trabajadores tuvieran la confianza de que su voto iba a ser respetado, que son ellos quienes eligen a quienes habrán de ser sus dirigentes. En la estructura anterior, solamente eran los delegados quienes participaban, y por lo regular ellos se apegan a lo que el Secretario General en turno quiere, es decir, hay más posibilidades de cooptarlos y persuadirlos. Todo esto enturbiaba la situación. Por eso quisimos que fueran los trabajadores quienes eligieran con un voto que se respetara en urnas. Este es el objetivo de la creación de la Comisión Electoral, para que sean los trabajadores quienes, de manera consciente y voluntaria, le den la confianza plena a la honorabilidad de los miembros de la Honorable Comisión Estatal Electoral, a quien crean que los va a representar mejor, y no sea la cúpula quien decida por todos los trabajadores. Considero que la Comisión cumplió cabalmente con esa encomienda que le dio el Congreso.

¿Cómo evalúa ese primer ejercicio del voto directo, por primera vez, de todos los agremiados?

Fue un momento sin precedentes, de suma trascendencia, porque el trabajador es quien decide, de manera directa, por quien va a votar. Además, esto ayuda porque así no hay, por pequeño que sea el Centro de Trabajo, no hay ningún aspirante que quede fuera. Todos los aspirantes tienen la posibilidad de ser considerados por los compañeros, en función de su proyecto. Ahora el trabajador tiene la gran posibilidad de decidir quién lo va a representar de manera voluntaria y de manera directa en un proceso democrático. A la vez, al aspirante se le garantiza el respeto a su derecho de aspirar a dirigir al sindicato del COBACH. Anteriormente, la estructura de Delegados *amarraba* mucho a los aspirantes porque, como se hacía por planillas, la planilla mayoritaria era la planilla de Delegados que después decidía y la planilla que no tenía la mayoría obviamente no era capaz de representarse con delegados para decidir sus aspiraciones. Con esta nueva modalidad, es el trabajador quien decide a quien brinda su confianza.

Alguna anécdota que quiera comentar

Finalizo con esta anécdota. Se dio un proceso tan confrontado con el entonces dirigente del STACOBACH, Amado Guzmán Lagunas y su equipo. No solamente la contracampaña de ellos, en el sentido de que yo soy perredista y que eso no le convenía al Colegio, porque iba a bajar la matrícula, íbamos a traer al Colegio, a los trabajadores del COBACH de marcha en marcha y en movilizaciones. Decían que estando al frente un gobierno priísta no se iba a lograr ninguna gestión, y quienes iban a perder eran los trabajadores. La historia demostró que no fue así. En un momento de desesperación, Amado Guzmán Lagunas mandó a compañeros del Plantel 7 a que destruyeran mis documentos, mis papeles, donde tenía la agenda, mi agenda, mis números telefónicos para hablarle a los compañeros que me estaban apoyando. Abrieron mi mochila, la destruyeron, hicieron que tiraron mis cosas. Son momentos que no se olvidan, en esa lucha se valieron de todo, pero finalmente logramos la confianza de los compañeros en el Congreso.

El Lic. Leonardo Castrejón Álvarez es actualmente Asesor del Comité Ejecutivo del SUTCOBACH. Luchador social y militante del Partido de la Revolución Democrática (PRD), Leonardo continúa participando en la Presidencia Colegiada de la Unión de Sindicatos de los Colegios de Bachilleres de la República Mexicana.

En este período se cambia de STACOBACH a SUTCOBACH, de Sindicato Gremial a Sindicato de Empresa, se lucha por la Unidad de los Trabajadores Académicos, Administrativos y de Intendencia. En este período el Congreso General expulsa a varios compañeros entre ellos a dos ex Coordinadores Generales de la APACOBACHEG. También se nombra por primera vez la Honorable Comisión Estatal Electoral y por vez primera se elige al Secretario General por votación universal, directa y secreta.

5.2.6 Marco Antonio Adame Bello (2006-2010)

Marco Antonio es un destacado luchador social que ha participado en diferentes movimientos democráticos siempre desde la izquierda; honorable y de gran congruencia en la enseñanza, la vida y la política. Le corresponde a Marco Antonio una nueva etapa política en la vida del estado de Guerrero, el gobierno del PRD partido en el cual milita, la colocación de la bandera rojinegra en la segunda huelga en el COBACH. Encabeza grandes marchas por incremento y por la Nivelación Salarial en el D.F. con el total respaldo de las bases. Con frecuencia recorre los Planteles en la lucha por la titularidad del Contrato Colectivo de los Trabajadores Administrativos. En el mes de noviembre de 2009 gana el recuento por la titularidad el SUTCOBACH, frente a la sección XXXI de SUSPEG, las luchas de FUERSA, por la defensa del petróleo. Lo anterior sólo por mencionar algunas de las innumerables actividades realizadas por el comité ejecutivo, que encabeza Marco Antonio, como Secretario General.

¿Cómo se desarrolló el congreso donde fue electo?

Con el propósito de continuar con el proceso de democratización de nuestro sindicato y como resultado de la reforma estatutaria realizada en el Congreso

General Ordinario en octubre de 2005, se publicó por primera vez la convocatoria para la elección por voto directo, secreto y universal del Secretario General del Comité Ejecutivo Estatal. La convocatoria señalaba los requisitos que los aspirantes a ese cargo debíamos cumplir para poder obtener el registro como candidatos y poder realizar una campaña para solicitar el voto de los agremiados. Uno de los requisitos más importantes es el de obtener las firmas de apoyo de por lo menos el treinta por ciento de los compañeros sindicalizados. En tal sentido, una vez que decidí participar me di a la tarea de buscar el apoyo de los otros aspirantes, lo cual conseguí pues la mayoría de los liderazgos regionales veían con simpatía mi candidatura, fue así como de acuerdo con los tiempos establecidos en la convocatoria emprendí un largo recorrido por las siete regiones de nuestro estado para visitar la gran mayoría de los planteles y entrevistarme con cada una de las compañeras y compañeros sindicalistas para solicitarles su firma de apoyo.

Es importante destacar que para la recolección de firmas de apoyo, en cada región contamos con la participación entusiasta y convencida de un gran número de compañeros y en cada plantel encontramos una gran receptividad y disposición para realizar reuniones en las que podíamos explicar cada uno de los puntos establecidos en el proyecto de gestión sindical que propusimos para su análisis y comentarios. Esta estrategia nos permitió reunir una cantidad de firmas que rebasaba en mucho el porcentaje que solicitaba la convocatoria, razón por la cual pude obtener el registro de mi candidatura y poder iniciar la campaña. Los otros aspirantes no lograron cubrir este requisito por lo que no obtuvieron su registro, de tal manera que en esta primera elección fui candidato único, lo cual no afecto en el entusiasmo y participación de las compañeras y compañeros, pues el día de la jornada electoral, se instalaron todas las casillas y asistieron a depositar su voto.

¿Quiénes integraron el Comité Ejecutivo?

Las carteras del Comité Ejecutivo Estatal se asignaron entre los delegados asistentes al Congreso General Ordinario celebrado el 28 de junio de 2006, posteriormente a la elección del Secretario General. Primero se determinó el número de carteras que le correspondería a cada región de acuerdo con el número de sindicalizados que tiene cada una de ellas; posteriormente se realizaron reuniones de delegados por regiones en las que por votación se eligieron a los que se integrarían al Comité Ejecutivo Estatal.

¿Cuáles considera que fueron los logros más importantes de su período relacionados con la gestión salarial, laboral y de prestaciones?

Una vez que tomamos posesión del cargo, de inmediato revisamos las tareas pendientes que como sindicato teníamos, me refiero concretamente a la aplicación de los recursos aprobados en el presupuesto de egresos por la cámara de diputados para la Nivelación Salarial de los trabajadores del Colegio de Bachilleres. Dada la pretensión de la SEP de desviar este recurso hacia un programa distinto denominado Homologación Salarial, con el cual se marginaba a más de la mitad de los trabajadores de todo beneficio económico por los criterios excluyentes que pretendía imponer, no dudamos ni un instante en defender nuestro programa de nivelación salarial e impulsar la organización de la lucha sindical dentro de la Unión Nacional de Sindicatos de los Colegios de Bachilleres de la República Mexicana (UNSCB).

Nos incorporamos al Plan de Acción nacional impulsando el paro de labores por tiempo indefinido en el mes de octubre de 2006. El movimiento se prolongó por cuatro semanas, tiempo durante el cual realizamos marchas y mítines en la ciudad de México y en Chilpancingo, así como asambleas delegacionales y estatales con secretarios generales. Cada actividad tenía la finalidad de mantener una permanente comunicación e información acerca de las reuniones de trabajo que sosteníamos con diferentes instancias de gobierno a nivel federal y estatal; con diputados y senadores del Congreso de la Unión y con diputados del Congreso local, con diversos funcionarios de la Secretaría de Educación Pública, con el mismo secretario Reyes Tamez Guerra, y en Guerrero con el secretario de educación José Luis González de la Vega Otero.

Es importante resaltar que esta lucha, aún cuando era impulsada por la UNSCB, no logró la participación de todos los sindicatos, principalmente porque casi la mitad ya había aceptado o les habían impuesto la homologación, de tal manera que en las movilizaciones sólo participábamos los sindicatos que nos resistíamos a aceptar ese programa, como Baja California Norte y Sur, Estado de México, Michoacán, Hidalgo, el Distrito Federal, Jalisco también participaban algunos contingentes minoritarios disidentes de las dirigencias "charras" que habían traicionado la lucha por la Nivelación Salarial como en Tabasco, Oaxaca, Veracruz, Durango, Morelos, entre otros.

Con sus distintos niveles de participación en el paro de labores por tiempo indefinido, sólo el sindicato de Guerrero se mantuvo en esas condiciones durante todo el mes, en los demás estados se realizaron paros parciales de un día, de dos días y hasta de tres días, algunos sindicatos no pararon labores ni un día; a las marchas nacionales en la Ciudad de México enviaban representaciones muy reducidas, destacando en estas jornadas de manera sobresaliente el contingente de Guerrero, siempre el más numeroso, organizado y combativo.

El paro de labores concluyó en el mes de noviembre con la firma de una minuta en la sede de la Secretaría de Educación Pública por el coordinador de la oficina de atención ciudadana de la dependencia y los secretarios generales de los sindicatos, en esa minuta se aceptaba aplicar los recursos al programa de nivelación salarial; sin embargo ya en los estados, los Directores Generales desconocieron la validez de esa minuta, pues argumentaron que no era la instancia con facultades para autorizar la aplicación. En esas condiciones levantamos el paro con el compromiso de continuar las platicas que nos permitieran llegar a una solución y con la garantía de que no habría represalias de ningún tipo para los trabajadores, de tal manera que logramos que no se aplicaran descuentos en nuestros salarios y se nos pagaran las prestaciones correspondientes como días económicos no disfrutados, eficiencia académica y el estímulo por puntualidad y asistencia.

Una vez levantado el paro de labores acudimos ante la Junta Local de Conciliación y Arbitraje a depositar nuestro pliego de peticiones con emplazamiento a huelga para el primer minuto del primero de febrero de 2007. El pliego contenía la exigencia de reparación de las violaciones a diversas cláusulas del Contrato Colectivo de Trabajo así como su revisión integral y el veinte por ciento de incremento salarial. Dentro del pliego de peticiones figuraba como uno de los puntos sobresalientes: la aplicación de los recursos del programa de Nivelación Salarial. Esta decisión se tomó considerando que era necesario concentrar nuestra exigencia ante las autoridades del Colegio y del gobierno de nuestra entidad, pues en las jornadas de lucha nacional las condiciones no eran favorables por las razones anteriormente expuestas.

Es importante destacar que entre las trabajadoras y los trabajadores afiliados al SUTCOBACH siempre ha existido una gran convicción acerca de las razones justas de nuestra lucha, todos han tenido la información suficiente respecto al origen de esta gran conquista sindical, que la Nivelación Salarial es un logro producto de una gestión de los sindicatos, por lo que no aceptábamos que la SEP pretendiera imponernos un programa distinto. Sabíamos bien lo que significaba aceptar la homologación, no solo significaba un mejoramiento salarial mucho muy inferior que no rebasaría el diez por ciento, sino que además el beneficio sería para unos cuantos, y lo que consideramos más pernicioso son las modificaciones que sufriría nuestro Contrato Colectivo de Trabajo y los reglamentos correspondientes, pues se nos impondrían condiciones laborales, en las que se vería afectada la bilateralidad y la titularidad de un sindicato del apartado "A" de la Ley Federal del Trabajo al que pertenecemos, es decir tendríamos que aceptar condiciones laborales del apartado "B" al que pertenece el Sindicato Nacional de Trabajadores de la Educación (SNTE) que tiene la titularidad de la relación laboral con los subsistemas de Educación Media Superior de la Dirección General de Educación Tecnológica e Industrial (DGETIS), con los que pretenden "homologarnos".

Por todo lo que la llamada homologación significa los que integramos el SUTCOBACH estuvimos dispuestos a seguir luchando y defender el programa de Nivelación Salarial, en tal sentido en el Congreso General Ordinario de octubre de 2006, los delegados efectivos asistentes aprobamos por unanimidad incluir esa demanda en nuestro pliego de peticiones y emplazar a huelga al Colegio de Bachilleres.

Una vez cumplidos cabalmente los requisitos legales comenzamos las pláticas con el Director General del Colegio, éstas se prolongaron durante todo el mes de enero de 2007 sin llegar a ningún acuerdo, ya casi para vencerse el plazo para el estallido de la huelga intervino el Secretario de Educación, quien al conocer nuestros argumentos y al darse cuenta de que la razón jurídica y política estaba de nuestro lado nos pidió que prorrogáramos la huelga, en tanto él asistía a la Ciudad de México para tratar de obtener una respuesta favorable a nuestra demanda, inclusive expreso que: "no es justo que la Federación pretenda hacer experimentos en nuestra entidad". Aceptamos prorrogar una semana más, sin embargo hasta el último día del nuevo emplazamiento nos envió al Maestro Eliseo Guajardo Ramos, Subsecretario de Educación Media Superior y Superior, quien junto con el Ing. José Luis Parra Mijangos, Director General del Colegio, nos plantearon que retiráramos esa demanda del pliego de peticiones y que lo demás podría ser resuelto ese mismo día.

Consideramos que ese planteamiento era inaceptable, pues el Secretario de Educación había reconocido que teníamos razón, por lo que atribuimos esa propuesta a una falta de voluntad política y nos retiramos a comunicar a los comités delegacionales que ese día siete de febrero a las trece horas debíamos colocar las banderas de la huelga en todos los centros de trabajo del Colegio de Bachilleres. La huelga se prolongó durante veinte días, tiempo durante el cual implementamos un plan de acción, en él sobresalía de manera preponderante: Información directa en cada campamento a través de un expediente en el que se concentraba el sustento legal y político de nuestra lucha, realización constante de Plenos Estatales de Secretarios Generales Delegacionales para informar y tomar decisiones respecto a la evolución del movimiento, entrevistas constantes con legisladores federales y del Congreso del Estado que se tradujeron en importantes apoyos para nuestra huelga mediante la publicación de dos desplegados suscritos por los diputados federales del PRD por el estado de Guerrero en el que exhortaban al gobernador y al Director General a que respetaran la ley de egresos de la federación y aplicaran como nivelación salarial el presupuesto aprobado por ellos. Por su parte el Congreso del Estado aprobó un Punto de acuerdo con el mismo propósito, mismo que fue publicado en un diario de circulación estatal.

¿Cuál es el balance del movimiento de la Huelga?

El balance es positivo toda vez que el Sindicato demostró su convicción de lucha por mejorar las condiciones salariales y de seguridad social de los agremiados independientemente de las circunstancias difíciles en las que nos encontramos ante la política neoliberal de las autoridades educativas en todos sus niveles; así mismo, fue una primera experiencia que se consumó en el proyecto de unidad sindical al participar los docentes con los trabajadores administrativos quienes resistieron a pesar de la presión y represión que en todo momento intentó el Colegio contra nuestros compañeros que como sindicato autónomo demostramos al gobierno que somos capaces de ejercer uno de nuestros derechos más sagrados que la constitución política en el artículo 123 que reglamenta la ley federal de trabajo como es nuestro derecho de huelga, el cual reivindicarnos de una manera firme y decidida por el bien de nuestros compañeros y de sus familias.

¿Cómo se crea FUERSA, quiénes participan, cuál es el papel del SUTCOBACH en la conducción?

Este frente Único Estatal de Representantes Autónomos de Guerrero se crea a partir de la necesidad de conjuntar esfuerzos y luchar de manera unificada por demandas de interés común de las organizaciones de trabajadores y a iniciativa de representantes sindicales del STAUAG, STTAISUAG, SUTCOBACH, JACARANDAS, DIF-ESTATAL, con la asesoría jurídica del Lic. Javier Vázquez García, con quienes compartimos la preocupación, el compromiso y la visión de que sólo unidos podíamos afrontar la envestida de la política laboral contra los trabajadores y en este sentido en octubre del 2007 formalizamos la constitución de este frente que entre algunas acciones inmediatas fue realizar los emplazamientos a huelga de manera conjunta por la revisión contractual y salarial. Y actualmente no sólo participan los dos sindicatos universitarios si no también se han incorporados otros sindicatos STACONALEP, SETAIGEM, SISPEG entre otros, en el que el SUTCOBACH juega un papel preponderante en la conducción como miembro de la presidencia colegiada, junto con los sindicatos de la UAG

¿Cuántos afiliados tiene el SUTCOBACH y en cuántos planteles?

A la fecha se cuenta con una membrecía de más dos mil trabajadores entre docentes y administrativos distribuidos en 86 planteles y centros de trabajo

¿Cuál es la perspectiva sindical que ofrece el SUTCOBACH a los compañeros administrativos afiliados?

La perspectiva es de unidad, de fortaleza, de consolidación de una organización sindical que lucha por el estudio, defensa y mejoramiento de las condiciones laborales, salariales, de seguridad social y de superación profesional, que les permita desarrollar en mejores condiciones sus actividades y a su vez recibir un trato digno del patrón pero sobre todo mantenemos la lucha por un salario decoroso que le permita a nuestros compañeros y sus familias vivir mejor. Y con esta perspectiva de lucha se ha generado la confianza para que hasta este momento poco más de 500 compañeros se encuentre afiliados a esta organización sindical.

¿Qué opinión tiene del Gobierno del estado y las autoridades del COBACH?

La relación que se ha establecido con el Gobierno estatal y las autoridades del colegio es el marco institucional, de respeto, de trato, de diálogo, y la búsqueda de acuerdos en beneficio de los agremiados, sin embargo, en ocasiones hemos observado la falta de voluntad y disposición para arribar a acuerdos sobre demandas fundamentales como lo es la aplicación de los recursos del programa de nivelación salarial para beneficio equitativo de todos los trabajadores independientemente de su situación contractual, de antigüedad, o nivel académico y en este sentido hemos recurrido en ocasiones a las demandas ante las autoridades laborales haciendo uso de nuestros derecho y en otras también nos hemos movilizado como un legítimo derecho para exigir lo que es nuestro, lo que hemos logrado a través de la Unión Nacional de Sindicatos del Colegio de Bachilleres, así mismo, no hemos permitido la mutilación de nuestro Contrato Colectivo de Trabajo, a pesar de los intentos de las autoridades, a quienes les hemos dejado en claro que no aceptamos ni aceptaremos jamás que se vulneren lo que por derecho nos corresponde y por el contrario que nos mantendremos siempre atentos en pie de lucha para mejorar nuestros derechos y prestaciones. Y si para esto nos trae consigo consecuencias adversas, concientes estamos para afrontarlas como representantes y como sindicatos

¿Cuál es la participación del SUTCOBACH en los movimientos políticos y sociales en el estado y en el país?

La participación de nuestro sindicato es de manera activa, consciente, responsable y de mucha firmeza, congruentes con nuestra declaración de principios establecidos en nuestro Estatuto Jurídico sindical, así nos hemos sido promotores del movimiento nacional en defensa de nuestros recursos naturales como lo es el petróleo, en la defensa del derecho a la soberanía alimentaria y en defensa de la economía popular de igual manera hemos expresado nuestro total apoyo solidario a los movimientos sindicalistas como el SME, al sindicato de mineros, y en general hemos alzado nuestra voz por las injusticias que agravian no sólo a la clase trabajadora sino a la población en general. En el aspecto político electoral nuestro sindicato no tiene filiación partidaria aquí se reconoce y se respeta la libre militancia que cada trabajador tenga en algún partido porque nuestro sindicato se proclama democrático y ello significa también el respeto a la pluralidad de militancia, de creencia y de manifestación libre de las ideas.

¿Qué ofrece Marco Antonio a sus agremiados?

Lo que ofrecimos desde el período de campaña a la secretaria general del Comité Ejecutivo Estatal, hoy lo ratificamos y reivindicamos, es un compromiso firme de poner nuestro mayor esfuerzo y capacidad para coordinar la lucha en la defensa de nuestros derechos y prestaciones y en la búsqueda de obtener las mejores conquistas sindicales de bien común, así mismo, reiterarles nuestro respeto y defensa de lo que es nuestro como organización sindical y me refiero a los contratos colectivos de trabajo y de todo aquello que beneficie a nuestros compañeros.

A Marco Antonio Adame Bello en su periodo al frente del SUTCOBACH le correspondió trabajar con tres directores generales, durante ese tiempo se desarrollaron importantes movimientos sindicales; la segunda huelga en el COBACH, las grandes movilizaciones en la ciudad de México, y el recuento sindical para obtener la titularidad del Contrato Colectivo de Trabajo de los trabajadores administrativos, entre otros eventos importantes en la vida del sindicato.

Es importante mencionar que Marco Antonio ha compartido y apoyado desde el inicio la idea de realizar este trabajo, "LA HISTORIA DEL SUTCOBACH", como una primera contribución al estudio histórico de nuestra vida sindical, de nuestro quehacer docente-laboral.

5.2.7 Proceso Electoral de febrero-junio de 2010

Una vez concluida la presentación de los cuatro coordinadores generales del APACOBACHEG, dos secretarios generales del STACOBACH y dos del SUTCOBACH, ha sido posible el comprender la evolución del Sindicato, desde sus primeros momentos hasta la fecha. El lector ha atestiguado los cambios que se han gestado en más de 23 años de lucha. A continuación, se presenta el proceso electoral más reciente, visto muy de cerca, como forma de hacer constar para la historia la situación democrática del SUTCOBACH.

En el mes de octubre de 2009, el Congreso General Extraordinario, nombró a la Honorable. Comisión Estatal Electoral del Sindicato Único de Trabajadores del Colegio de Bachilleres del Estado de Guerrero, que fue integrada por los C.C. Profesor Odón Rodríguez Mendoza, M.C. Roberto Martínez García, Licenciado Jesús Alberto Jaramillo Rodríguez, Profesor Silviano Diego Herrera, Licenciado Juan Bruno Santana, Presidente, Vicepresidente, Secretario, Primer y Segundo Escrutador, respectivamente. La Comisión Electoral fue resultado de la votación al interior del Congreso, por parte de los delegados de los planteles de todo el estado. El objetivo era contar con una Comisión de compañeros honorables, reconocidos ampliamente y comprometidos con el sindicato para llevar a cabo de manera ética y confiable los trabajos correspondientes al proceso electoral para elegir Secretario General propietario y suplente por el periodo del 29 de junio de 2010 al 29 de junio de 2014 del SUTCOBACH. Dichas características son necesarias ya que en el Comité recae la preparación, el desarrollo y la realización de la jornada electoral, siendo en todo momento el Órgano Supremo Rector de la transición de un Comité Ejecutivo a otro. El éxito de los trabajos emprendidos por la Comisión se traduce en la presentación pública del Dictamen a los delegados al Congreso General Extraordinario.

La responsabilidad de la H. Comisión Estatal Electoral en este proceso específico fue de gran trascendencia. El entorno sindical estatal mostraba serias fisuras en sindicatos fraternos, e incluso hay quien llegara a afirmar que se había violentado la autonomía de los demás sindicatos y mancillado su ejercicio democrático. Sindicatos fuertes y consolidados en el estado vivían situaciones de incertidumbre, que ponían en entredicho el desempeño y honorabilidad de sus comisiones electorales. Aún más, y como testimonio de que no debe ser soslayado el papel fundamental de la Comisión Electoral en un proceso de elección democrática, tales comisiones condujeron incluso a un periodo de crisis a sus respectivos sindicatos, amenazando la continuidad misma de sus proyectos sindicales, y la estabilidad en el trabajo de todos sus agremiados, quienes llegaron a carecer de representación jurídica ante la Junta Local de Conciliación y Arbitraje. Esto colocó a miles de trabajadores en la incertidumbre.

Conscientes de esta gran responsabilidad, no sólo al interior del SUTCOBACH, sino para la estabilidad institucional del COBACH, la H. Comisión Estatal Electoral tomó protesta y se comprometió a cumplir, de manera cabal, la palabra empeñada.

A continuación se reproduce el acta de instalación de los trabajos del Proceso Electoral para la elección del Secretario General Propietario y Suplente del SUTCOBACH, para el periodo del 29 de junio de 2010 al 29 de junio de 2014.

ACTA DE INSTALACION DE LA HONORABLE COMISION ESTATAL ELECTORAL.

Siendo las doce con cuarenta y cinco minutos del día diez de febrero del año dos mil diez, en local que ocupa el Sindicato Único de Trabajadores del Colegio de Bachilleres del Estado de Guerrero, ubicado en la calle Morelos 6 altos, colonia Centro de la ciudad de Chilpancingo, de los Bravo, Capital del Estado de Guerrero, reunidos los CC. Profesores **Odón Rodríguez Mendoza**, Presidente; **Roberto Martínez García,** Vicepresidente; **Jesús Alberto Jaramillo Rodríguez,** Secretario; **Silviano Diego Herrera**, Escrutador; **Juan Bruno Santana**, Escrutador. Todos ellos miembros de la Comisión Estatal Electoral, ante la presencia del Presidente de la Comisión Estatal de Vigilancia Profr. **José Maria Tostado Loaiza** y el Profr. **Marco Antonio Adame Bello**, Secretario General y demás integrantes del Comité Ejecutivo Estatal del Sindicato Único de Trabajadores del Colegio de Bachilleres, ante quienes se procedió a desahogar la siguiente orden del día:

- Pase de lista de la Comisión Estatal Electoral y declaratoria del quórum legal.
- Instalación legal de la Comisión Estatal Electoral por el Presidente de la misma

---

113

- Mensaje del Secretario General del Comité Ejecutivo Estatal.
- Intervención del Presidente de la Comisión Estatal de Vigilancia.
- Clausura de la primera sesión del Pleno de la Comisión Estatal Electoral

Sr. Presidente hay quórum legal y validez de los acuerdos que en ella se toman.

Tiene la palabra el Presidente para la instalación formal de la H. Comisión Estatal Electoral.

En uso de la palabra el C. Profr. Odón Rodríguez Mendoza, Presidente, expreso la importancia de la H. Comisión Estatal Electoral haciendo la invitación a los integrantes de la misma a que se conduzcan conforme al Estatuto Jurídico y al reglamento Electoral vigente. También se dirigió a los integrantes del Comité Ejecutivo y al Presidente de la Comisión de Vigilancia en los mismos términos mencionados. Exhortando hacer de este proceso electoral un ejemplo de civilidad, de unidad sindical en beneficio de todos los miembros de este sindicato.

Siendo las doce veinticinco horas, procedió a instalar formalmente la H. Comisión Estatal Electoral.

En desahogo al siguiente punto correspondió el uso de la palabra al Profr. Marco Antonio Adame Bello, Secretario General quien realizo un exhorto a los integrantes de la Comisión Estatal Electoral sobre la importancia de la misma, del proceso Electoral y de la instancia sindical como patrimonio de todos los miembros del SUTCOBACH.

En uso de la palabra el Profr. José Maria Tostado Loaiza, Presidente de la Comisión de Vigilancia, dio la bienvenida a los integrantes de la H. Comisión Estatal Electoral, Exhortándolos a conducirse conforme al Estatuto Jurídico y al Reglamento Electoral Vigente. Acto seguido se procedió a la entrega de los nombramientos a los integrantes de la H. Comisión Estatal Electoral, con la participación del C. Profr. Ezequiel Barrera Flores, Presidente del Consejo General Ordinario, de fecha 29 de octubre del 2009.

En desahogó del último punto del día el C. Jesús Alberto Jaramillo Rodríguez, Secretario, pidió al Profr. Odón Rodríguez Mendoza, Presidente, se procediera a la clausura, acto seguido el Presidente procedió al Acto de clausura y validez de los acuerdos que en ella se tomaron siendo las doce horas con cuarenta minutos. Firmando los integrantes de la H. Comisión Estatal Electoral que en ella intervinieron. Damos Fe. _____

————————

—

(Firmas autógrafas presentadas al calce) Prof. Odón Rodríguez Mendoza, Presidente; M.C. Roberto Martínez García, Vicepresidente; Lic. Jesús Alberto Jaramillo Rodríguez, Secretario; Lic. Juan Bruno Santana, Escrutador; Prof. Silviano Diego Herrera, Escrutador.

La jornada electoral representó el ejercicio del sufragio como práctica cívica, la práctica de la democracia, y el ejercicio de los derechos de los trabajadores afiliados al SUTCOBACH—GUERRERO. Es el momento en que habrá de definirse y garantizarse la transición de mandos, validada por los delegados de los Planteles y Centros de Trabajo de todo el estado.

El proceso electoral en todo momento estuvo apegado estrictamente a lo establecido en el Estatuto Jurídico, y el Reglamento Electoral. Asimismo, se rigió conforme a los principios de: Certeza, Legalidad, Objetividad, Independencia e Imparcialidad. Desde el inicio los candidatos conocieron y participaron, en todos y cada uno de los momentos del proceso electoral, de forma presencial o a través de sus representantes legales, quienes se mantuvieron al tanto de las etapas del proceso y lo vivieron junto con la Comisión Electoral de manera permanente.

Como forma de desarrollar de manera clara, estructurada y transparente el proceso electoral, la Comisión convocó a tres eventos estatales, un pleno de secretarios generales y dos plenos de presidentes de las Honorables Comisiones Electorales de los Planteles. En el primer evento se entregó a los secretarios generales, entre otros documentos, el padrón electoral y la convocatoria para la elección de las H. Comisiones Electorales de los planteles y centros de trabajo. En un segundo evento, se tomó protesta a los presidentes electos de las H. Comisiones Electorales de los planteles, momento seguido se capacitó en materia electoral a los presidentes, de forma tal que tuvieran plena comprensión y entendimiento de su responsabilidad y del proceso que se vivía. En un tercer evento, se procedió a la entrega, en tiempo y forma conforme al calendario definido por la Comisión Electoral desde el inicio del proceso, de la documentación electoral, y nuevamente se dieron indicaciones para el día de la Jornada Electoral. El objetivo de los tres eventos fue claro, el lograr homogeneizar la idea del proceso electoral, en qué consistía y por qué era de vital importancia que cada actor realizara sus actividades de manera ética y transparente. Era comprender que cada actor estaba escribiendo en la historia de la democracia de su sindicato y como tal debían conducirse, ya que de ellos dependía la continuidad del proyecto sindical, y la transición armónica de un Comité Ejecutivo a otro por y para los agremiados del SUTCOBACH.

Llegado el día de la votación, hubo una movilización estatal de las H. Comisiones Electorales de los planteles y centros y trabajo coordinadas por la

H. Comisión Estatal, para instalar las casillas electorales en tiempo y forma. Con ello, se desarrolló de manera pacífica el día de la jornada electoral, reportándose el desarrollo de los hechos de manera permanente de los planteles y centros de trabajo hacia la H. Comisión Estatal. En un ambiente de civilidad y de amplia participación de los afiliados al SUTCOBACH, los trabajadores emitieron su voto en las siete regiones del estado.

Una vez concluida la votación, las H. Comisiones Electorales de los planteles y centros de trabajo procedieron a realizar el escrutinio y cómputo, con la presencia de los representantes de los candidatos. Acto seguido, se levantaron y firmaron las actas correspondientes, para dar a conocer los resultados locales de manera inmediata y ante la mirada de los testigos que se congregaron en cada plantel. Los presidentes de las H. Comisiones de los planteles y centros de trabajo se trasladaron a la ciudad de Chilpancingo, sede de la H. Comisión Estatal Electoral, para presentar las actas correspondientes al inicio y cierre de la jornada electoral. Conforme se recibían las actas en el seno de la H. Comisión, se iba haciendo el conteo público de los resultados de la elección, tal y como consta en cada una de las actas que fueron recibidas y finalmente computadas. De esta forma, se levantó el acta correspondiente y se publicaron los resultados oficiales.

A continuación se reproduce copia fiel del dictamen final leído en el Congreso General del 28 de junio de 2010.

SINDICATO ÚNICO DE TRABAJADORES
DEL COLEGIO DE BACHILLERES DEL
ESTADO DE GUERRERO
(SUTCOBACH-GRO).
HONORABLE COMISIÓN ESTATAL ELECTORAL.
DICTAMEN GENERAL

DEL PROCESO ELECTORAL DE SECRETARIO GENERAL DEL COMITÉ EJECUTIVO ESTATAL PROPIETARIO Y SUPLENTE DEL SINDICATO ÚNICO DE TRABAJADORES DEL COLEGIO DE BACHILLERES DEL ESTADO DE GUERRERO POR EL PERIODO DEL 29 DE JUNIO DEL 2010 AL 29 DE JUNIO DEL 2014.

En la ciudad de Chilpancingo, Guerrero, a los veinticinco días del mes de junio del año dos mil diez. Los suscritos PROFESOR ODÓN RODRÍGUEZ MENDOZA, M.C. ROBERTO MARTÍNEZ GARCÍA, LICENCIADO

JESÚS ALBERTO JARAMILLO RODRÍGUEZ, PROFESOR SILVIANO DIEGO HERRERA, LICENCIADO JUAN BRUNO SANTANA, Presidente, Vicepresidente, Secretario, Primer y Segundo Escrutador, respectivamente, de la Honorable Comisión Estatal Electoral del Sindicato Único de Trabajadores del Colegio de Bachilleres del Estado de Guerrero, con fundamento en lo establecido por los artículos 44, 97, 98, 99, 100, 101,102, 103, 104, 105, 106, 107 y sus respectivas fracciones, del Estatuto Jurídico del Sindicato Único de Trabajadores del Colegio de Bachilleres del Estado de Guerrero, vigente, así como en los lineamientos establecidos en el Reglamento Electoral correspondiente, **se emite DICTAMEN, en los términos siguientes:**

I.   Dando cumplimiento a lo establecido en la normatividad antes referida, ésta H. Comisión Estatal Electoral tiene de la obligación de organizar, desarrollar, vigilar, administrar y dictaminar sobre el proceso de elección, por tanto la facultad de cumplir y hacer cumplir nuestra normatividad interna, desde la convocatoria hasta el presente dictamen.

Resultando que el proceso electoral se desarrollo en las siguientes etapas:

II.   **CONVOCATORIA:** El proceso electoral inició mediante convocatoria publicada el 21 de abril del año dos mil diez, emitida por ésta H. Comisión Estatal Electoral, en la que se establecieron las bases para elegir al Secretario General Propietario y Suplente del Comité Ejecutivo Estatal del Sindicato Único de Trabajadores del Colegio de Bachilleres del Estado de Guerrero, por el periodo comprendido del 29 de junio del 2010 al 29 de junio del 2014.

III. **REGISTRO DE CANDIDATOS:** Como lo marca el Estatuto Sindical, el Reglamento Electoral, y la respectiva convocatoria, se abrió la etapa de registro de candidatos, registrándose dos candidatos propietarios con su respectivo suplente, los **CC. M.C. ROMÁN ZÚÑIGA GARCÍA**, y SALOMÓN EUSEBIO MORENO ALVARADO así como y **el LIC. ADELFO MARTÍNEZ ABARCA** y YOLANDA CASTRO VILLA, a quienes se les otorgó el registro por haber cumplido con todos los requisitos de elegibilidad.

IV.   **CAMPAÑA ELECTORAL:** Las campañas electorales de los candidatos se desarrollaron del 24 de mayo al 11 de junio del año en curso. Siendo aprobados por ésta Comisión Estatal Electoral, los informes de gastos

—

de campaña que presentaron cada uno, quedando determinado que no rebasaron los topes de gastos de campaña que se establece en el reglamento lo cual haciende no más de cincuenta mil pesos.

V.   **DEBATE DE CANDIDATOS:** Se realizó en la radiodifusora XEUAG de la Universidad Autónoma de Guerrero, el día 11 de junio de 2010 a las 19:00 horas.

VI. **JORNADA ELECTORAL.** De acuerdo con los artículos 44,97, 98, 99, 100, 101, 102, 103, 104, 105, 106, 107 del Estatuto Jurídico, en relación con las bases del Reglamento Electoral, y el instructivo así como con la respectiva convocatoria, la elección se llevó a cabo para los planteles y centros de trabajo, el día 21 de junio de 2010.

VII. **RECEPCIÓN DE LOS PAQUETES ELECTORALES:** Los paquetes electorales se recibieron de acuerdo con la convocatoria y con el punto 7.20 del Reglamento Electoral, con excepción de los paquetes correspondientes a las casillas *TLACOACHISTLAHUACA* y *PILCAYA*, que fueron entregados de manera extemporánea, por lo que no fueron contabilizados.

VIII. **RESULTADO DE LA ELECCIÓN.** La elección de los candidatos a Secretario General Sindicato Único de Trabajadores del Colegio de Bachilleres del Estado de Guerrero, de acuerdo con el escrutinio y cómputo de las actas electorales, tuvo el resultado final siguiente:

CANDIDATO	RESULTADOS		
	NÚMEROS	**CON LETRA**	**PORCENTAJE**
ROMÁN ZÚÑIGA GARCÍA	1,054	Mil cincuenta y cuatro votos	60.74 %
ADELFO MARTINEZ ABARCA	536	Quinientos treinta y seis votos	30.89 %
ABSTENCIONES	10	Diez	0.57 %
VOTOS NULOS	17	Diecisiete	1.0 %
NO VOTARON	118	Ciento dieciocho	6.8 %
TOTAL:	**1,735**	**Mil setecientos treinta y cinco votos**	100 %

Es importante destacar que durante la jornada electoral se registró una participación sindical de 1617 que representan un 93% y solo 118 afiliados no acudieron a las urnas lo cual representa un 7%.

Asimismo es importante informar a este congreso general ordinario que los gastos generados por el proceso electoral ascendieron a la cantidad de 237 mil 259 pesos con sesenta y un centavo. Por diversos conceptos entre los que destacan viáticos, papelería, computo, impresora, renta, plenos, alimentos y otros. De acuerdo con el informe que emitió la Secretaria de Finanzas del Comité Ejecutivo Estatal, y con ello se da cumplimiento al reglamento electoral.

IX. IMPUGNACIÓN. En proceso electoral que se dictamina, se presentaron impugnaciones tendientes a objetar hechos en lo específico, los cuales por la etapa en que fueron presentados se dividen en recurso de inconformidad y recursos de impugnación.

El recurso de inconformidad presentado por el C. LIC. ADELFO MARTÍNEZ ABARCA y YOLANDA CASTRO VILLA, en contra del Padrón de afiliados, es improcedente en razón de que esta comisión estatal electoral elaboró conjuntamente con la secretaria de organización que el C. Adelfo Martínez Abarca desempeñaba y se publicó desde la fecha de publicación de la convocatoria en cada centro de trabajo, el padrón electoral, mismo que fue firmado de enterado por los afiliados para que en cada centro de trabajo o delegación sindical, los compañeros que se encontraran excluidos de él tuvieran en su momento la oportunidad de solicitar su inclusión. La etapa de revisión en los planteles propició que el número de afiliados al padrón aumentara, sin embargo ésta situación en nada afectó al impugnante, pues el hecho de que los afiliados a nuestro sindicato que tienen derecho a votar y ser votados ejerzan su derecho estatutario, y por dicha circunstancia esta comisión no puede negarles ese derecho. Por lo que respecta al plazo de treinta días que refiere el inconforme, es evidente que se cumplió en demasía con ese plazo, pues el padrón fue publicado en tiempo y forma y se hizo del conocimiento no solo de los contendientes si no de todo el electorado. Las inclusiones de compañeros en nada perjudican a los inconformes, pues a ninguno de nuestros afiliados se les puede negar el derecho de votar. Asimismo, porque de los resultados finales de la elección no se desprende que la publicación del padrón y la inclusión de compañeros que solicitaron su derecho de votar, haya afectado al candidato ADELFO MARTÍNEZ ABARCA, pues la diferencia que existe entre uno y otro candidato es suficiente para determinar que un acto administrativo como es el padrón de afiliados haya cambiado la intención de los votantes. Por último, en el caso del padrón base que constaba de 1621 afiliados y que se incrementó a 1735 en el padrón actualizado, pues solo existe una diferencia de 114 afiliados entre la publicación inicial y las inclusiones hechas, esta diferencia no es determinante pues el número de personas incluidas es notoria y aritméticamente inferior a la diferencia de votos que hay entre el candidato que obtuvo el primer lugar en la votación y el que obtuvo el segundo lugar.

Ahora bien, aún y cuando la denominación de los escritos que se presentaron en diversas delegaciones o casillas, y que fueron entregadas a los miembros de las comisiones electorales de los planteles o centros de trabajo, aún cuando el nombre no coincide con el que establece nuestro reglamento electoral, eso no impide a ésta comisión electoral darles respuesta.

Por lo que después de haber hecho una meticulosa lectura del contenido de éstas se advierte lo siguiente:

El apartado 8, puntos 8.1, 8.2, 8.3, 8.4, 8.5 y 8.6, establecen los lineamientos que se deben seguir en el trámite de los medios de impugnación, por lo tanto, es conveniente precisar cuáles son los requisitos necesarios para su procedencia.

Los cuales se señalan concretamente en el punto 8.5, y son los siguientes:

a. *Notificar por escrito la acción o hechos de manera clara y expresa ante la instancia señalada como responsable de la acción impugnada;*
b. *Suscribir el documento con nombre y cargo o personalidad del actor de la impugnación;*
c. *Presentarlos máximo cuarenta y ocho horas después de ocurridos los hechos; Presentar pruebas documentales o presenciales de los hechos impugnados.*

En relación con dichas características, el punto 8.6 señala: *La ausencia de alguno de los requisitos anteriores hará improcedente el recurso de inconformidad o de revisión.*

Por lo que se puede constatar que, de todos los escritos de impugnación, actas de incidentes, o recursos de revisión presentados, carecen de los requisitos legales necesarios para su admisión, pues no presentan material probatorio alguno, por lo que se constituyen como expresiones unilaterales subjetivas que en ningún momento se encuentran sustentadas en pruebas, lo que implica que ésta H. Comisión Estatal Electoral los declara improcedentes.

Contrario a lo anterior, los recursos de revisión que serán analizados en éste párrafo son los siguientes:

1. Casilla 00, Oficinas Generales, suscrito por la C. ROSARIO IRAIS HERRERA ESQUIVEL, en su carácter de representante del Lic. Adelfo Martínez Abarca;
2. Casilla 15, Plantel Copala, suscrito por CRISTÓBAL ARRIAGA GUILLEN, en su carácter de representante del Lic. Adelfo Martínez Abarca;
3. Casilla 13, Plantel Xaltianguis, suscrito por LETICIA TÉLLEZ CASTAÑEDA, en su carácter de representante del Lic. Adelfo Martínez Abarca;
4. Plantel Bajos del Ejido, suscrito por los Integrantes de la Comisión Electoral;
5. Casilla 29, Kilómetro 30, suscrito por ANTONIO ORBE BALANZAR, en su carácter de representante del Lic. Adelfo Martínez Abarca;
6. Plantel Apango, suscrito por MERCED ARIAS ARROYO, en su carácter de representante del Lic. Adelfo Martínez Abarca;
7. Casilla Plantel 3 de Iguala, suscrito por JUAN HERNÁNDEZ GANTES, en su carácter de representante del Lic. Adelfo Martínez Abarca.
8. Plantel Aguas Blancas, suscrito por los miembros de la comisión electoral de dicho plantel.
9. Plantel Parota Seca, suscrito por José Manuel Vargas Gallegos, en su carácter de representante del Lic. Adelfo Martínez Abarca.

Los cuales se pueden resumir en los siguientes supuestos:

1. La nulidad de los votos en lo particular emitidos por personas que a criterio de la parte impugnante no reúnen los requisitos estatutarios;
2. Que existió nulidad de votos por inducción de una de las partes contendientes;
3. Que existe inequidad en el proceso porque uno de los logotipos de los candidatos tiene su fotografía y el otro solo su nombre;

Al respecto se hace el siguiente análisis:

1. Respecto del primer supuesto, tenemos que los compañeros que se presentaron a votar y en lugar del talón de pago presentaron un documento diverso, pero que en él se demuestra que pertenece al Sindicato Único de Trabajadores del Colegio de Bachilleres del Estado

de Guerrero, estos votos no pueden ser anulados, por que, primero, lo fundamental para el ejercicio del voto es que pertenezca a nuestro sindicato, que esté inscrito en el padrón de afiliados y que a la hora de votar siga teniendo vigentes sus derechos sindicales.

Por lo que los ciudadanos que votaron, es porque estaban enlistados en el padrón, se identificaron, y demostraron ante la H. Comisión Estatal Electoral formar parte del sindicato.

Además, en el caso de los compañeros que votaron y que en su talón aún no estaba regularizado el descuento de sus cuotas a favor de nuestro sindicato, ello no es obstáculo para que pueda votar, pues la afiliación no solo se demuestra con el descuento respectivo en el talón de pago, si no con la lista de afiliados que se desprende de las listas de altas y bajas del padrón de socios oficial que se encuentra depositado en la Junta Local de Conciliación y Arbitraje, en el expediente de registro de nuestra organización sindical, por lo que el trámite administrativo de hacer el descuento en el talón de pago no puede ser motivo para negarle a un ciudadano emitir su voto, pues ese trámite no depende de él, si no del patrón.

Asimismo, en el caso de los compañeros que se encuentran en proceso de jubilación y que inclusive ya no se encuentren frente a grupo o realizando su función por virtud del trámite jubilatorio, su voto no puede ser anulado por que ellos no pierden sus derechos sindicales puesto que los trabajadores jubilados aún pertenecen a nuestro sindicato.

Entonces, los casos que se encuentran en dichos supuestos no pueden anulados y por ello, los recursos de revisión o inconformidad planteados en dichos supuestos son infundados.

2. En el caso de inducción al voto denunciada en las oficinas generales del Colegio de Bachilleres del Estado de Guerrero, ésta denuncia es infundada, en razón de que no se señala a que personas se les indujo al voto a favor de un candidato, ni mucho menos cuantas personas pudieron ser influenciadas. Es una denuncia de un hecho que sin duda puede ser irregular si se demuestran que sus consecuencias fueron nocivas en perjuicio de uno de los candidatos, sin embargo en el

caso concreto de oficinas generales, éste fue un hecho que no tuvo trascendencia jurídica alguna, pues los votantes en ningún momento fueron inducidos, ya que los compañeros son gente preparada que no se puede manipular fácilmente. Ahora bien, en el caso de la denuncia que refieren en relación de que a las personas que no se les permitió votar en oficinas generales fueron a votar ante ésta Comisión Estatal Electoral, es infundada y no acreditada, pues ante ésta comisión estatal electoral solo votaron las personas que aparecen en el padrón electoral y que cumplieron los requisitos estatutarios para hacerlo.

3. Ahora bien, en el caso específico de que en la boleta se encontraba la foto de uno de los candidatos y no de ambos, este hecho en nada afecta a la equidad en el proceso, pues los logotipos que se establecieron en las boletas fueron aquellos que cada candidato diseñó para sí, y esa circunstancia es ajena a ésta comisión. Además de que el logotipo del candidato Román Zúñiga García, tenía la foto incluida por que la misma formaba parte de su logotipo, situación que no es irregular, pues el diseño del logotipo es una decisión de los candidatos, respetando por supuesto los límites de tamaño que establece la reglamentación electoral, por lo que ésta comisión electoral solamente se concretó a fijar en la boleta los logotipos que los propios candidatos señalaron, por lo que no existe inequidad en el proceso por la circunstancia señalada.

Por último, se entra al estudio de las impugnaciones vertidas por el C. LIC. ADELFO MARTÍNEZ ABARCA y YOLANDA CASTRO VILLA, en su carácter de candidatos propietario y suplente, presentada a las 21:00 horas del día 23 de junio del año en curso, haciéndose la observación de que el mismo no cumple con el requisito establecido en el punto 8.5 letra c, del reglamento electoral, pues se presentó con más de cuarenta y ocho horas de diferencia entre la conclusión de la jornada electoral que fue el día 21 de junio y que concluyó a las 18:00 horas y la hora y fecha que contiene la recepción del documento. Sin embargo, a efecto de no dejar sin responder dicha impugnación en éste acto se da repuesta al mismo en los siguientes términos:

El inconforme alega dos aspectos:

Por un lado el hecho de que no aparece su fotografía en la boleta y por tanto es inequitativo, y **por otro lado** que en la boleta además de los nombres de los candidatos se agregó la *ABSTENCIÓN,* y que con ello se confundió al electorado.

En el caso del **primer motivo de disenso** éste ha sido contestado con anterioridad reiterándole a los inconformes que en el caso específico de que en la boleta se encontraba la foto de uno de los candidatos y no de ambos, este hecho en nada afecta a la equidad en el proceso, pues los logotipos que se establecieron en las boletas fueron aquellos que cada candidato diseño para sí, y esa circunstancia es ajena a ésta comisión. Además de que el logotipo del candidato Román Zúñiga García, tenía la foto incluida por que la misma formaba parte de su logotipo, situación que no es irregular, pues el diseño del logotipo es una decisión de los candidatos, respetando por supuesto los límites de tamaño que establece la reglamentación electoral, por lo que ésta comisión electoral solamente se concretó a fijar en la boleta los logotipos que los propios candidatos señalaron, por lo que no existe inequidad en el proceso por la circunstancia señalada.

Por lo que respecta al **segundo motivo de disenso,** este es infundado, pues el hecho de que hubiese aparecido en la boleta la palabra *"ABSTENCIÓN"* entre las opciones de los votantes, no implica que los electores se confundan, pues abstenerse es también una forma de expresar su voluntad, manifestando el elector que marque la palabra abstención su inconformidad con ambos candidatos y por lo tanto también es su decisión no emitir su voto a favor de ninguno. Por el contrario no establecer la posibilidad de que una persona manifieste su inconformidad con los candidatos posibles sería como obligarlo solamente a votar por los que se encuentran en la boleta.

En ese mismo sentido, si se observan los resultados generales, las personas que decidieron estampar su voto en palabra abstención, es decir que se abstuvieron, fueron solo **diez personas**, por lo que resulta inaudito que se haya confundido al electorado.

A mayor abundamiento es importante señalar que la cantidad de firmas como aval para el registro de cada candidato, no difiere en mucho del resultado final, pues el C. Román Zúñiga García se registró con 1005 firmas y obtuvo una votación de 1054, mientras que el C. Adelfo Martínez Abarca se registró con 527 firmas y obtuvo en la votación final 536 votos con lo cual se confirma que el respaldo que cada uno de los aspirantes logró entre los afiliados para registrarse, fue similar al resultado de la votación, directa libre y secreta, en este proceso electoral.

Por todas las anteriores consideraciones los medios de impugnación antes descritos, son por un lado improcedentes, y por otro lado infundados, por lo que se llega a la conclusión de no anular ninguno de los votos emitidos a favor de los candidatos, por no existir pruebas suficientes para ello.

—

POR TODO LO ANTERIOR SE ACUERDA LO SIGUIENTE:

PRIMERO. Se declaran **INFUNDADOS** los medios de impugnación en términos del punto IX del presente dictamen, por lo que se confirman los resultados de la votación emitida a favor de cada uno de los candidatos. Ratificando como candidato ganador al **C. MC. ROMÁN ZÚÑIGA GARCÍA** en su calidad de propietario y al C. Salomón Eusebio Moreno Alvarado suplente.

SEGUNDO. Se emite dictamen para su aprobación en el Congreso General de fecha 28 de Junio de 2010, en los términos del artículo 39 fracción I del estatuto jurídico vigente, del Sindicato Único de Trabajadores del Colegio de Bachilleres del Estado de Guerrero y del respectivo reglamento.

Así lo acordaron y firman los integrantes de la H. Comisión Estatal Electoral los CC. PROFESOR ODÓN RODRÍGUEZ MENDOZA, M.C. ROBERTO MARTÍNEZ GARCÍA, LICENCIADO JESÚS ALBERTO JARAMILLO RODRÍGUEZ, PROFESOR SILVIANO DIEGO HERRERA, LICENCIADO JUAN BRUNO SANTANA, Presidente, Vicepresidente, Secretario, Primer y Segundo Escrutador, respectivamente, de la Honorable Comisión Estatal Electoral del Sindicato Único de Trabajadores del Colegio de Bachilleres del Estado de Guerrero. En la Ciudad de Chilpancingo de los Bravo, Capital del Estado de Guerrero a los veinticinco días del mes de junio del año dos mil diez.

ATENTAMENTE

"UNIDAD SINDICAL Y JUSTICIA LABORAL; POR UNA EDUCACIÓN PROGRESISTA"

Profr. Odón Rodríguez Mendoza
Presidente

MC. Roberto Martínez García
Vicepresidente

Lic. Jesús Alberto Jaramillo Rodríguez
Secretario

Profr Silviano Diego Herrera.
Primer escrutador

Lic. Juan Bruno Santana
Segundo Escrutador

El Congreso General Extraordinario del SUTCOBACH, tuvo como sede la ciudad de Chilpancingo, Guerrero. En él participaron más de cuatrocientos delegados de los planteles y centros de trabajo, elegidos con este objetivo. Estaba destinado a ser, como todos los Congresos que comunican los resultados de las contiendas electorales, un evento difícil, donde quienes habían sido desfavorecidos por la votación se manifestarían sin duda alguna. El grado de dificultad dependía de la madurez política de los participantes y de los candidatos.

Lamentablemente, de manera irresponsable, hubo algunos simpatizantes del aspirante desfavorecido por la votación de los agremiados, que decidieron impedir el paso a los delegados al Congreso, encabezados por su candidato, llevando a algunos de ellos a un local cercano a la sede oficial como forma de desacreditar la elección y de poner en entredicho su validez y legalidad. Si bien es cierto que debe de alentarse la manifestación libre de las ideas de los compañeros del COBACH, también lo es que el ejercicio de este derecho debe de enmarcarse en los principios del respeto al sindicalismo y a mantener la unidad del SUTCOBACH. A todos aquellos que optaron por esta posición habrá que recordarles de la responsabilidad que cada cual contrajo ante los planteles y centros de trabajo respectivos para participar en representación de sus unidades de trabajo, en el evento estatal de su sindicato. A todos aquellos que decidieron inconformarse por los resultados de una elección en la cual ellos habían sido representantes en cada uno de los planteles y centros de trabajo, y decidieron poner en peligro la unidad sindical por intereses de unos cuantos, habrá que recordarles los más de 23 años de lucha sindical que nos dan la posibilidad de gozar de los beneficios con que como trabajadores se cuentan. A ellos habrá que llamarlos a hacer un voto de mesura, con responsabilidad y buen juicio, para anteponer los intereses del SUTCOBACH a los intereses mezquinos de grupo.

De esta forma, y pese a contratiempos menores, el Congreso se instaló con el quórum legal, y dieron inicio los trabajos correspondientes siendo validados los acuerdos que en él se tomaron. En él, el Lic. Jesús Alberto Jaramillo Rodríguez, secretario de la H. Comisión Estatal Electoral, dio lectura al Dictamen, mismo que fue aprobado por unanimidad por los delegados. Acto seguido, una vez conocidos los hechos y los resultados finales de la elección, así como los porcentajes de participación de los agremiados, se procedió a la toma de protesta de Román Zúñiga García y Salomón Eusebio Moreno Alvarado, Secretario General Propietario y Suplente del Comité Ejecutivo Estatal del SUTCOBAH—GUERRERO 2010-2014.

Posteriormente se abrió un receso, en el que más de 400 delegados provenientes de las siete regiones del estado, se congregaron por regiones precisamente para nombrar a sus representantes, quienes habrían de integrarse al comité ejecutivo. Con ello, los congresistas dieron un verdadero ejemplo de civilidad al proponer a sus representantes regionales y votar por ellos, acordando el propietario y suplente, con toda madurez política y en beneficio del sindicato. De esta forma, se procedió a la toma de protesta del pleno del comité ejecutivo estatal del SUTCOBACH—GUERRERO, que dirige el compañero Román Zúñiga García. Después de la clausura del Congreso, los congresistas felicitaron a los integrantes del comité ejecutivo, y se procedió a la toma de la foto del recuerdo con el naciente líder del SUTCOBACH, Román Zúñiga García.

Aquí cabe resaltar la gran responsabilidad, trabajo y dedicación con que mis compañeros de la Comisión Estatal Electoral se entregaron, en cumplimiento de su honroso desempeño al cargo conferido por el congreso del SUTCOBACH.

Con esta elección se ha cerrado un capítulo importante en la historia del SUTCOBACH. Desde sus orígenes, el Sindicato Único de Trabajadores Académicos del Colegio de Bachilleres del Estado de Guerrero, ha venido perfeccionando su proceso democrático para la elección de sus dirigentes. Sin duda alguna, se cumplió con el compromiso de realizar una elección transparente, donde todos los involucrados en la misma, pusieron el mejor esfuerzo y responsabilidad en el cumplimiento de sus obligaciones y comisiones. Es necesario recordar que la primera elección de 2004, el compañero Marco Antonio Adame Bello participó como candidato de unidad y, en esta ocasión, se ha ejercido la posibilidad de la participación de dos dignos aspirantes a dirigir los destinos del sindicato.

Habrá de ser recordado el día del debate de los aspirantes, que tuvo lugar en la radiodifusora de la Universidad Autónoma de Guerrero XEUAG. Ahí se efectuó la discusión de cada propuesta, y, en todo momento, imperó el respeto entre los dos candidatos, quienes al final del evento estrecharon fraternalmente sus manos y se tomaron la ya clásica foto del recuerdo como testimonio del evento y de la civilidad que imperó en él.

Como en toda elección, sólo hay un candidato que obtiene la mayoría de los votos, y es quien tendrá la alta distinción de representar al SUTCOBACH. Así, el compañero Román Zúñiga García fue electo Secretario General para el periodo 29 de junio 2010 al 29 de junio de 2014. En el momento que se le tomó protesta, culminó el proceso electoral. Y es a partir de este momento, que corresponde a todos los compañeros el respetar y hacer valer los resultados de nuestro proceso. Nos corresponde ahora mantener la UNIDAD en torno al SUTCOBACH.

Es nuestra responsabilidad preservar, en todo momento, la Institucionalidad en el Colegio de Bachilleres del Estado de Guerrero. Han sido años de lucha

—

sindical, años de esfuerzo compartido, los que nos han posibilitado vivir este momento. La APACOBACHEG hoy, es sólo un recuerdo que quienes recién se integran al SUTCOBACH tal vez no entenderían. Hoy se gozan de derechos y beneficios resultados de más de 23 años de lucha, negociación y concertación. Se ha recorrido un largo camino, arduo y difícil, donde hemos enfrentado incluso bajas en nuestras filas por diferencias ideológicas entre compañeros. Pero el SUTCOBACH sigue de pie, sigue avanzando en el perfeccionamiento de los mecanismos de elección de sus dirigentes, sigue avanzando en la lucha por nuevas conquistas que beneficien a sus agremiados y a sus familias, sigue luchando por preservar el derecho al trabajo y a la sindicalización, como forma básica de prodigar estabilidad a los trabajadores.

El 93 por ciento de afiliados participaron en el proceso electoral y haciéndolo, validaron y ratificaron los resultados ahí presentados. Su presencia, ha sido un logro en el avance democrático de nuestro sindicato. Toca ahora a los actores asumir su responsabilidad con el Colegio y con el Sindicato. Nos debemos al SUTCOBACH y juntos hemos trabajado, hoy el reto es preservar la unidad, por sobre cualquier interés personal, de grupo o de partido.

6

Consideraciones finales

Como ha sido expuesto, en voz de quienes han formado parte de la historia sindical del Colegio de Bachilleres del Estado de Guerrero, la lucha sindical ha representado años de organización, de movilizaciones, de la búsqueda de acuerdos y consensos. Ha significado unificar diversas corrientes de pensamiento y formaciones académicas, por prodigar certeza en el trabajo a quienes conforman la gran familia COBACH Guerrero. En este orden de ideas, se realiza una discusión de las ideas enarboladas en las diferentes etapas del sindicato, por quienes en su momento coordinaron los esfuerzos del SUTCOBACH. Lo anterior, con el único objetivo de resaltar las similitudes y contrastes, las aportaciones de cada período, las condiciones imperantes conforme a los tiempos, para llegar a la vida sindical del SUTCOBACH como la concebimos. Cada etapa ha contribuido de manera significativa para que hoy se cuente con las garantías que se poseen. Cada etapa ha representado un escaño conquistado en la lucha por la conquista de los derechos laborales.

La APACOBACHEG surge impulsada por el proyecto del sindicalismo independiente de los trabajadores del Colegio de Bachilleres en Guerrero, con el respaldo de los compañeros del SINTCB de México Distrito Federal. Es así como compañeros destacados y visionarios del Colegio de Bachilleres del Estado de Guerrero quienes, a riesgo de ser perseguidos por la parte patronal o inclusive despedidos, recorrieron los diversos planteles del estado convocando a una reunión en el Plantel No. 1 de Chilpancingo como se menciona en la entrevista del maestro Ángel Peralta García. Acciones como esta, que aceleraron la creación de la organización sindical, fueron impulsadas por el Director

General Lic. Andrés Peralta Santamaría, quien lejos de sólo interesarse porque el personal académico estuviera organizado, se preocupó porque esta situación se estaba saliendo de su control y dio facilidades a otro grupo de compañeros para que recorrieran los planteles (promoviendo una organización gremial contraria a la del sindicato independiente) como es el caso del maestro Regulo Anaya Rodríguez y del maestro Ascensión Sandoval Cruz, según lo narran en su entrevista.

Convocando a los docentes de los entonces 16 planteles oficiales en el estado, a que nombraran a sus delegados al primer congreso constituyente que se realizó, el 20 de febrero de 1987 en el teatro María Luisa Ocampo de la ciudad de Chilpancingo, así se constituye la Asociación del Personal Académico del Colegio de Bachilleres del Estado de Guerrero. En esa convención, resultó electo el maestro Gerardo Gálvez Vázquez como primer Secretario General de la APACOBACHEG.

A partir de ese momento, la vida sindical al interior de COBACH Guerrero cambió de manera favorable para bien de todos los trabajadores, principalmente los académicos. Fue un cambio paulatino, que se fue gestando en las mentes de cada uno de los integrantes del primer comité ejecutivo, la mayoría de ellos sin experiencia en cuestiones sindicales, pero todos ellos emprendedores y con un alto espíritu de responsabilidad.

Las primeras anécdotas están ligadas de algún modo a la autoridad del Director General del Colegio de Bachilleres Lic. Andrés Peralta Santamaría, quien se desempeñaba como Subsecretario de Gobierno al mismo tiempo. Peralta vio al naciente organismo sindical como algo en lo que él tiene injerencia y mando, dado que influyó desde su creación y, por lo mismo, se siente con derechos de opinión al interior del mismo.

Para fortuna de los trabajadores, ese período es corto, y a su relevo llega el Ingeniero Químico Hubert de la Vega Estrada, joven profesionista con experiencia laboral en un plantel del Colegio de Bachilleres de la Ciudad de México. El nuevo Director General, asume esta importante posición, a la vez que se desempeña como Subsecretario de Desarrollo Social del Gobierno del Estado de Guerrero.

Durante ese período, se da un cierto equilibrio en las negociaciones entre el Director General y el coordinador general de la APACOBACHEG, así como algunos movimientos tales como marchas de protesta y plantones en Dirección General y se firman por vez primera las condiciones generales de trabajo.

El ingeniero José Luis Adame Ávila, Coordinador General en el segundo período sindical de la Asociación del Personal Académico del Colegio de

Bachilleres del Estado de Guerrero, mantiene buenas relaciones laborales con el Director General y sabe sacar provecho de las mismas, que se ven plasmadas en los primeros logros sindicales. Pero no sólo se limita la función del APACOBACHEG a la lucha sindical, si no a la firma de los primeros convenios académicos, becas de posgrado y, principalmente, al surgimiento del primer tabulador académico. A nivel nacional el ingeniero José Luis Adame impulsa las relaciones sindicales fraternales y sobre todo de intercambio de experiencias en beneficio de COBACH Guerrero, aún siendo Director General el ingeniero Hubert de la Vega Estrada. Es importante resaltar la buena relación que existía entre el Director General y la representación sindical.

En el tercer período me corresponde a mí, Jesús Alberto Jaramillo Rodríguez, dirigir la APACOBACHEG. Considero que fue un comité de unidad electo con la participación de todos los representantes sindicales de los planteles oficiales, que en ese momento eran 16. En la primera parte de la gestión, es aún Director General el ingeniero Hubert de la Vega.

En el año 1993, el licenciado Fermín Gerardo Alvarado Arroyo es nombrado Director General del Colegio de Bachilleres. Entre las conquistas sindicales que resaltan, se avanza en el tabulador académico, en las becas a los trabajadores, en el monto del seguro de vida y en el respeto y reconocimiento a la instancia sindical, donde la bilateralidad es una de las principales exigencias, la puntualidad en los pagos, en el respeto a las condiciones generales de trabajo y sobre todo en la lucha por mejores condiciones de vida y de trabajo. Afortunadamente existió una buena relación tanto en el aspecto laboral como en lo personal, que de manera necesaria repercutieron en el mejor curso que se dio a las negociaciones y en las conquistas laborales que el sindicato alcanzó.

Reconocimiento especial merece el destacado trabajo de quienes compartieron conmigo la responsabilidad dentro de ese comité ejecutivo, como la apreciada maestra Graciela Marquina, Guillermo Anzúrez, Salomón Moreno Alvarado, Amado Guzmán, José Alfredo Manzanares y del compañero Orlando García Alonso, de Taxco; Manuel Arrieta y a otros más que estuvieron participando con responsabilidad y de manera activa. Los últimos días de este período tomó protesta como Director General el maestro Eutimio Rodríguez Maganda, catedrático del plantel de Petatlán.

Amado Guzmán Lagunas es el cuarto coordinador general de la APACOBACHEG. Guzmán ya tenía experiencia en las actividades sindicales. De esta manera, tuvo la oportunidad de asumir la Coordinación General cuando era Director General del Colegio de Bachilleres el maestro Eutimio Rodríguez Maganda. A este último le tocó vivir un momento particularmente difícil y

---

crítico en la vida política del estado. Haciendo un pequeño paréntesis histórico y recordando el entorno político que se vivía en Guerrero en el año de 1995. En aquel año solicita licencia indefinida el C. Gobernador Constitucional del Estado, Licenciado Rubén Figueroa Alcocer dando paso al gobierno interino del Licenciado Ángel Heladio Aguirre Rivero. En medio del reacomodo de fuerzas políticas, el maestro Eutimio sale del COBACH y es reemplazado por el Lic. Julio César Hernández Serna, quien se desempeñaba como Subprocurador de Justicia en el Estado. Sin duda, una vez ubicando al lector en lo difícil de la situación política imperante, es necesario resaltar el hecho de que este cambio de Director y las repercusiones que este cambio tuvo en la vida sindical de la APACOBACHEG y en el quehacer académico del COBACH.

Este período de incertidumbres le correspondió a Amado Guzmán Lagunas. Prácticamente se inicia junto con David Guzmán Sagredo, Secretario General de la Sección XXXI del SUSPEG en una Huelga de Hambre que ambos mantienen frente a la Dirección General durante seis días, desde la llegada de Julio César Hernández Serna. Amado tuvo que recurrir a otras formas de organización y, sobre todo, de comunicación con los planteles. Fueron tiempos muy difíciles no sólo para la APACOBACHEG y para el SUSPEG sino para el Colegio de Bachilleres en el Estado de Guerrero.

Amado tiene el merito de que, prácticamente al final de su trienio, logra en la Junta Local de Conciliación y Arbitraje el reconocimiento sindical y el cambio de APACOBACHEG a Sindicato de Trabajadores Académicos del Colegio de Bachilleres del Estado de Guerrero. Siendo de este modo como Amado Guzmán se gana la reelección al frente del naciente sindicato.

Es así como corresponde al maestro Amado Guzmán Lagunas ser el primer Secretario General del Sindicato de Trabajadores Académicos del Colegio de Bachilleres del Estado de Guerrero. Al constituirse como sindicato, la antes APACOBACHEG tiene ya una mayor capacidad de negociación, con todos los derechos que el ser un sindicato plenamente reconocido le confieren, en goce de sus atribuciones, y avanza notablemente en las prestaciones laborales, pero sobre todo en las prestaciones económicas. En ese tiempo estalla la primera huelga dentro del Colegio de Bachilleres, cuando Amado y varios integrantes del Comité Ejecutivo se sacan sangre de las venas y con ella pintan las paredes con sus consignas en el Palacio de Gobierno de Chilpancingo. El impacto que se produce en los trabajadores y la población, sensibilizan al gobierno del estado y esto se soluciona por la favorable intervención directa del Licenciado Ángel Heladio Aguirre Rivero, Gobernador del Estado. Ese es de algún modo el escenario en que se da el primer Comité Ejecutivo del STACOBACH.

Aun cuando es necesario mencionar la petición que Amado Guzmán, hace al Licenciado René Juárez Cisneros candidato a gobernador, de la ratificación del Licenciado Julio Cesar Hernández Serna en la Dirección General de Colegio de Bachilleres, de acuerdo a lo narrado por Amado.

El profesor Leonardo Castrejón Álvarez es el segundo Secretario General del Sindicato de Trabajadores Académicos del Colegio de Bachilleres del Estado de Guerrero. Leonardo tiene la característica de haber participado en todos los Comités Ejecutivos desde los orígenes hasta la actualidad, todo el tiempo ha sido un luchador y ha defendido sus ideales y su concepción que tiene del movimiento sindical a él le toca tratar principalmente con el Lic. David Guzmán Maldonado quien también se desempeñaba como senador suplente del licenciado Héctor Vicario Castrejón del Partido Revolucionario Institucional, con el Maestro Miguel Guerrero Ocampo catedrático del Plantel 7 quien por un tiempo muy breve ocupó la Dirección General y con la maestra Martha Mazón Parra distinguida docente del Plantel No. 3 de Iguala, como político Leonardo logra importantes apoyos en beneficio del Sindicato y de sus agremiados, es un dirigente plenamente identificado por su militancia perredista, en un tiempo en que el gobierno del Estado y los Directores Generales eran priístas. Esto nunca fue un obstáculo para Leonardo de quien fue notable el avance y los logros obtenidos.

En este tiempo se da una lamentable ruptura con compañeros que participaron en el primero y segundo período de la APACOBACHEG, esto considero que fue una situación que tenía ya muchos años de venirse gestando al interior del sindicato y a pesar de la intervención de las instancias normativas sindicales no se pudo evitar este acontecimiento, desde mi punto nunca debió haber ocurrido y pienso que deben de tenderse los puentes, los medios y todo lo necesario para la reconsideración por parte de quienes se fueron, de darnos todos el beneficio de un "olvido". Tengo la certeza de que en un tiempo no muy lejano llegara ese momento y mejores tiempos habremos de ver y de vivir los trabajadores del Colegio de Bachilleres, todos dentro del SUTCOBACH.

En este período se cambia de 3 a 4 años el tiempo de duración del Comité Ejecutivo y se cambia de Sindicato de Trabajadores Académicos a Sindicato Único de Trabajadores del Colegio de Bachilleres Guerrero, al término de su período Leonardo se incorpora al trabajo sindical como representante del SUTCOBACH en la presidencia Colegiada de la Unión Nacional.

Es importante mencionar la creación por acuerdo del Congreso General de la Primera Comisión Estatal Electoral, que sería la encargada de la realización de todo el proceso electoral para nombrar a través del voto directo y secreto al

Secretario General del SUTCOBACH. Proceso que se realiza con base en los principios de la certeza, legalidad, transparencia, imparcialidad e independencia, resultando como indiscutible ganador de este proceso electoral el C. Maestro Marco Antonio Adame Bello.

El maestro Marco Antonio Adame Bello toma protesta en el Congreso General Ordinario celebrado el 20 de febrero del 2006, como segundo Secretario General del SUTCOBACH. Marco Antonio goza de una amplia simpatía dentro de los trabajadores del Colegio de Bachilleres es un hombre comprometido y congruente con sus ideales. En un primer momento de su gestión sindical es Director General del Colegio de Bachilleres el Doctor Carlos Payan Torres, ex Secretario General del STAUAG, notorio miembro del Partido de la Revolución Democrática.

Posteriormente el Director General del Colegio de Bachilleres del Estado de Guerrero es el C. Ingeniero José Luis Parra Mijangos académico universitario, dos veces candidato a rector de la Universidad Autónoma de Guerrero. Quien llega a la dirección general con el respaldo del líder estatal del Partido Convergencia.

El día 21 de diciembre de 2009, toma posesión como Director General del Colegio de Bachilleres del Estado de Guerrero el C. Lic. Porfirio Daza Rodríguez, quien se desempeño como Subsecretario del Trabajo en la Secretaria General de Gobierno, el Lic. Porfirio Daza en varias ocasiones asistió en representación del C. Gobernador C. P. Carlos Zeferino Torreblanca Galindo y como invitado de Honor del entonces Secretario General del SUTCOBACH, Marco Antonio Adame Bello, a Congresos, aniversarios y eventos de importancia sindical.

A Marco Antonio le ha correspondido la difícil tarea de construir, de dar el lineamiento al SUTCOBACH, le han tocado las marchas en el estado y en la Ciudad de México, la huelga de 2007 y muchas negociaciones con la Dirección General. La búsqueda de la titularidad del contrato colectivo de trabajo de los administrativos y de intendencia, a través del recuento.

La lucha por la nivelación salarial, por la superación académica de los docentes, las relaciones con los demás sindicatos de los Colegios de Bachilleres, la lucha por la defensa del petróleo, todo esto forma parte del gran proyecto que es el Sindicato Único de Trabajadores del Colegio de Bachilleres.

Cada uno de los líderes a través de entrevistas directas da su versión y relata el momento en la historia del sindicato, del cual fue actor principal. Lamentablemente no fue posible la participación del C. Gerardo Gálvez Vázquez, todos los demás participaron en este importante esfuerzo de escribir la historia de SUTCOBACH a través de sus principales protagonistas y de sus dirigentes.

Cada uno tuvo la misma oportunidad, espero que siempre se entienda y sea para bien de la Organización y de las futuras luchas de los trabajadores del Colegio de Bachilleres del Estado de Guerrero. Para todos ustedes compañeros trabajadores académicos, administrativos, intendentes es este trabajo, una contribución al rescate de nuestra historia.

Al compañero Román Zúñiga García, electo Secretario General para el periodo 2010-2014, lo acompaña la experiencia, el trato, la atención, sobre todo el espíritu de lucha, solidaridad que lo caracteriza. A tan escasos meses de haber asumido la dirigencia del SUTCOBACH, sólo es posible augurarse los mejores resultados, ya que, si le va bien a Román, le va bien al SUTCOBACH, le va bien a nuestras familias, y le va bien al Colegio de Bachilleres del Estado de Guerrero.

6.1 La importancia y trascendencia del COBACH en la sociedad guerrerense y la educación media superior

Para entender lo que el Colegio de Bachilleres significa para la sociedad guerrerense, ha sido necesario el observar dentro del contexto histórico los antecedentes que dieron origen a tan honorable institución. Así mismo, se han presentado el origen y desarrollo de la ideología sindical que ha seguido el SUTCOBACH, antes APACOBACHEG, dado que, como resulta evidente, cada período ha impreso en COBACH su sello distintivo. Al combinar la orientación dada por la Administración Central con aquella seguida por administrativos y docentes, se logra entender de manera cabal la significación exacta de COBACH.

El Colegio de Bachilleres llegó a Guerrero en el momento preciso para ofrecer una opción de capacitación y formación diferente a los jóvenes, y a sus familias. En él se han promovido siempre actividades que fortalecen las competencias de los alumnos con el concurso y compromiso de los maestros. Los encuentros deportivos y culturales han contribuido a fomentar los lazos entre los Colegios de Bachilleres del Estado y del país, entre instituciones, planta docente y estudiantes. La mística ha sido, y continua siendo, el formar a nuevos líderes, a jóvenes que logren un balance entre la academia, la cultura, las artes y los deportes, que desarrollen su potencial de manera integral. Jóvenes comprometidos con su escuela, con su familia y con la comunidad a la cual se deben. Que sean capaces de observar la injusticia social y busquen los cauces

---

para manifestarse de manera pacífica, y contribuir a cambiar la realidad de nuestro estado asumiendo una actitud propositiva.

Así pues, el Colegio de Bachilleres es una opción educativa para los estudiantes, ya que ha abierto sus puertas en 81 municipios del estado, y siempre hay uno cerca de los centros poblacionales. Ofrece un perfil de estudios diferente, que si bien intenta guardar un equilibrio entre las disciplinas del estudio, también lo hace con la formación tecnológica, la cultura y el deporte. A los estudiantes les posibilita tener un contacto más directo con la realidad de sus municipios, fomentando el intercambio para actividades culturales y deportivas. Estas visitas, promueven el intercambio de conocimiento y de realidades, situando a los jóvenes en un contexto palpable, que pueden entender y comprender con la ayuda de sus compañeros estudiantes de otros municipios. Con la participación de los jóvenes en actividades culturales, académicas y deportivas en el municipio, se forja y promueve el espíritu de identidad, de pertenencia a una sociedad, a una cultura, a una institución, y con ello, el sentido de luchar por mejorar en la búsqueda siempre del bien común. Y aún más allá de todo ello, el COBACH se ha preocupado por la salud e integración a la sociedad de miles de jóvenes que concurren en sus aulas.

Guerrero ahora cuenta con más opciones educativas, con el compromiso y entrega de las maestras y los maestros en la preparación de los jóvenes, y el Colegio de Bachilleres es una de ellas.

COBACHG es una institución que da confianza a los padres de familia quienes conocen de los principios éticos de enseñanza que rigen a la institución.

Los padres de familia deben estar tranquilos y vigilantes de lo que se enseña a sus hijos en las aulas, en el esfuerzo por fomentar la disciplina y responsabilidad. Conocen del prestigio y reconocimiento de los Colegios, de sus profesores, y del funcionamiento y papel que desempeñan en cada comunidad en específico. Los padres de familia juegan un papel fundamental al interior de la institución, ya que por medio de la sinergia educando-familia se logra un mayor compromiso y mejores resultados en la formación de los jóvenes. En las aulas, un adolescente refleja su cultura familiar, en la casa aquello que ha aprendido en el Colegio, en la sociedad la combinación de estos dos elementos.

Reconociendo a la drogadicción como uno de los más grandes flagelos que perjudican diariamente la vida de nuestros jóvenes, reduciendo sus expectativas, y en la mayoría de los casos, arrebatándoles su porvenir, el COBACH ha impulsado campañas tendientes a concientizar a los estudiantes. Por ello se cuenta con orientadores escolares que proporcionan al alumnado clases sobre los temas que afectan su vida estudiantil, familiar, social y profesional, entre otros. Los orientadores tienen la enorme responsabilidad de proporcionar seguimiento a cada uno de los casos de estudiantes. En COBACH, un orientador no sólo cumple con su función, sino que debe conocer la vida de cada joven, sus circunstancias y se acerca a ellos dentro y fuera del plantel, con sus familias en aquellos casos que existen problemas para buscar una solución real y objetiva. La orientación educativa juega un papel fundamental al interior de los Colegios, en pleno reconocimiento a una formación integral. Con el apoyo de autoridades municipales y estatales y de los padres de familia, se realizan campañas permanentes y programas impulsados desde el Departamento de Vinculación Académica (Este Departamento por citar tan solo un ejemplo de lo mucho que se realiza en todas las direcciones de área y departamentos en el Colegio de Bachilleres y naturalmente en todos los Planteles Educativos, donde los trabajadores académicos, administrativos y de intendencia, realizan cotidianamente su esfuerzo). Se acerca también a organizaciones no gubernamentales y busca los recursos en beneficio del alumnado, que repercutan en mayores beneficios y capacidad de penetración de los mensajes de preservación de la salud física y mental de los adolescentes. La educación sexual es otro de los temas centrales motivo de preocupación del COBACHG. Quienes convergemos al interior de esta institución sabemos de las campañas de concientización e información que se otorga día tras día a los jóvenes. Dado que es un fenómeno social vigente, se les informa de los métodos anticonceptivos, de las enfermedades de transmisión sexual, y de las repercusiones sociales de sus actos. Es necesario impulsar, pero sobre todo cumplir con el programa de educación para padres, ya que esto acerca al Colegio, a los docentes, con los padres de familia. Con ello, se conoce la problemática y las condiciones sociales reales de la sociedad en su conjunto, y se garantiza dar respaldo a los padres en la atención de casos de alumnos especiales, tanto destacados como problemáticos, o simple y sencillamente buscando un mayor entendimiento de la función del Colegio y la escuela en la comunidad y en sus hijos.

Tanto estudiantes como docentes participan a través del Servicio Social de manera activa en las campañas de alfabetización, verdaderas cruzadas que aglutinan a miles y miles de estudiantes que son orientados hacia la promoción de su sentido social y ayuda comunitaria. Estas jornadas representan un gran apoyo para las comunidades y requieren de mayor atención, de mayor impulso. Este es el compromiso del Colegio, el ser parte de la vida y del desarrollo comunitario. Así, se continuará apoyando, promoviendo y fomentando esta labor, como parte fundamental que detone el desarrollo académico en Guerrero.

Guerrero nos necesita a todos, Guerrero aspira a alcanzar nuevos niveles educativos, y un presente en que sus nuevas generaciones aprendan a vivir en armonía, en el conocimiento de su realidad, y a disfrutar aún del día a día con el conocimiento pleno de lo que ello significa.

El COBACHG es una institución sólida que otorga empleo a más de 2701[14] administrativos, directivos y docentes. Genera empleos en nuestro estado para nuestros coterráneos. El Colegio protege las garantías del trabajo de quienes en él se cobijan por medio del SUTCOBACH. Con ello se garantiza la estabilidad de miles de familias en el estado. De esta manera, COBACH contribuye a la estabilidad social y económica de Guerrero. Es una institución de notable nivel académico, y este es un compromiso de los docentes que en ella convergen, siempre listos a dar lo mejor de sí mismos en las aulas, para ir más allá de la clase y dejar grabado en la mente y en el corazón de los estudiantes el mensaje de superación constante, el amor por la cultura, por el deporte, por el civismo.

Aspiremos a preservar una visión compartida, donde el eje central sea el compromiso con la educación, apoyada en los principales pilares de formación del carácter de los futuros ciudadanos, en el conocimiento de la ética, de las ciencias, de las ciencias sociales, de la lengua, en el descubrimiento de las diferentes facetas del conocimiento humano para brindar una visión global que permita el desarrollo de la percepción cabal de la realidad imperante. Que sea la promoción de la cultura y el deporte, el garante del desarrollo de la sana convivencia, del desarrollo de nuevas capacidades en los jóvenes que habrán de servirles para el desarrollo de competencias adicionales que, necesariamente, habrán de redundar en beneficio de los guerrerenses en su conjunto.

El Colegio de Bachilleres del Estado de Guerrero es más que una opción educativa para los estudiantes, para sus familias, para docentes y administrativos. Es una institución que forma parte ya de la historia de nuestro estado, de la historia de nuestras familias, de nuestra historia personal. El Colegio, desde sus origines se ha comprometido con quienes interactúan por ser una institución ética que fomenta siempre altos estándares de rendimiento, el amor a la patria, al estado, a la comunidad y la integración de los jóvenes a ella. El Colegio de Bachilleres es más que una mera opción, es nuestro Colegio, a él se deben generaciones y generaciones de estudiantes que recibieron su primera oportunidad en estas aulas, que soñaron con una profesión y se prepararon para alcanzarla. A él nos debemos académicos y administrativos que lo hemos hecho parte de nuestra vida y de la de nuestras familias, que lo hemos visto surgir

---

[14]   Colegio de Bachilleres 2008: 52-53

y mantenerse a través de las vicisitudes del tiempo, tal vez tambalearse, pero siempre de pie, y a ello hemos contribuido todos.

6.2 El papel e influencia del SUTCOBACH

Como ha quedado de manifiesto, la APACOBACHEG (hoy SUTCOBACH) ha sido fundamental desde los orígenes del Colegio de Bachilleres en Guerrero, ya que necesariamente debía contarse con una asociación que brindara respaldo a los trabajadores en la negociación de sus derechos laborales. Desde sus orígenes, docentes, directivos, administrativos e intendentes, han estado comprometidos con la consolidación y el fortalecimiento del Colegio. Los esfuerzos han sido conjuntos. No podría concebirse en ningún momento la historia del Colegio sin los actores antes mencionados. Sin embargo, la perspectiva observada en el presente documento es la sindical. El cómo la función del sindicato ha servido a docentes, administrativos e intendentes prodigándoles la certeza del trabajo. Con ello, quienes trabajan en COBACH han tenido la libertad de desarrollarse en las áreas académicas que les competen, y en las actividades propias de sus funciones, con la confianza de que, al contar con una representación, se garantizan las condiciones de trabajo requeridas. Así, todos ellos han dado lo mejor de sí mismos en las aulas y los planteles educativos.

Ha sido observado, a través de la historia aquí narrada, lo imperativo de garantizar las reglas mínimas de convivencia obrero-patronal. El pasar del modelo de imposición al modelo en el cual el trabajador, por medio de su representación, puede luchar por el respeto a sus derechos, cuando considere que están siendo afectados o que se encuentran por debajo de los tabuladores nacionales. Es cierto que ha sido una labor difícil, sobre todo cuando algunos patrones han permanecido ajenos a las necesidades del trabajador, quizá creyendo formar parte aún de caducas políticas feudales, han intentado avasallar las libertades y hacer al COBACH marchar tras de ellos sin la mínima política de planeación.

Es de reconocerse que los dos Secretarios Generales electos en 2006 y 2010 fueron elegidos de manera libre y directa, en la búsqueda de mecanismos que proporcionen mayor legitimidad ante los afiliados. Si bien es cierto que integrantes de los Comités Ejecutivos son provenientes de diversos puntos del estado, con diferente formación académica e ideológica, garantizando así un sistema de pesos y contrapesos al interior de cada Comité. Es importante resaltar que cada acción realizada, sin duda alguna, han sido con el firme compromiso y convicción de velar y mejorar las condiciones laborales.

—

Al momento de realizar cualquier acción sindical, debe observarse que ha influido la figura del Director General del Colegio de Bachilleres, y la del Secretario de Educación en Guerrero de manera fundamental. Así, en algunos períodos, como en el de Amado Guzmán, aún cuando la dirigencia sindical ha luchado, las respuestas han sido muy fuertes y se ha tenido que llegar a medidas extremas para hacerse escuchar.

Ha sido un proceso de aprendizaje para la parte patronal el comprender que somos entes pensantes, críticos, y analíticos, parte fundamental del desarrollo académico de generaciones y generaciones de guerrerenses, con una notable influencia en amplios sectores de la población y en las comunidades que estamos establecidos. El aprender que estamos organizados, que somos docentes, administrativos e intendentes, que jugamos un papel importante, que somos parte activa de la vida de los jóvenes, de las familias, de las comunidades, en la vida misma de Guerrero, como lo somos de la vida política, económica y social del estado. También ha sido un proceso de aprendizaje para el sindicato, un proceso que afortunadamente ha rendido grandes frutos para quienes a él pertenecemos.

El sindicato ha actuado como garante de la defensa de los derechos de los trabajadores, ante las injusticias y atropellos. Ante discriminaciones del Colegio estatal contra las tendencias nacionales. Ante las prestaciones laborales. El SUTCOBACH ha contribuido a garantizar el trabajo de miles de guerrerenses y el sustento de sus familias.

Es así, como docentes, administrativos e intendentes debieran hacer un alto y reflexionar sobre la importancia de la certeza laboral en tiempos tan difíciles como el que se vive actualmente. Hemos enfrentado ya grandes crisis que han sumergido al país entero en grandes períodos de desempleo, e incluso de retrocesos, de nulo crecimiento económico. Y es precisamente durante este tiempo que contamos con trabajo, con prestaciones, y con la certeza de que estamos creando una antigüedad. Respondamos con responsabilidad a la hora de desarrollar el trabajo. Con alta disciplina, con preparación, respondamos dando lo mejor de nosotros a cada joven que acuda al Colegio, a cada padre de familia, a las comunidades. Respondamos ante los malos momentos con más trabajo, que no quede duda alguna que quienes formamos parte del Colegio de Bachilleres somos gente con alta convicción social, pero sobre todo, que cuidamos y valoramos a la institución a la cual nos debemos. En las comunidades está resurgiendo el papel central del docente en la vida diaria de las comunidades. Ello debe reconocerse como un mérito. Redoblemos los esfuerzos, manteniendo los liderazgos y la alta figura moral que se juega en las comunidades. Vinculémonos aún más con la población, como forma de entender la problemática misma por la cual se atraviesa, para ser una parte integral de su vida misma. Evitemos dar motivos para ser mancillados. Empoderémonos como sector por medio de nuestro trabajo y demos los elementos a nuestro sindicato para defendernos de manera adecuada.

En días recientes mucho se ha cuestionado la vigencia de los sindicatos a nivel nacional. Se ha escuchado incluso la desequilibrada comparación de nuestro país, de nuestros sindicatos, con la situación que guardan los países de primer mundo. Quienes hacen estas comparaciones olvidan mencionar, que incluso en países como España, Irlanda e Inglaterra, hubo grandes manifestaciones en mayo de 2009, de sindicatos que vivían en el mutismo frente a las trasnacionales. En el 2010 la crisis económica en Grecia, despidos masivos de trabajadores, desaparición de sindicatos el gobierno no tuvo otra alternativa, que ceder a las imposiciones del banco mundial, de el fondo monetario internacional y de la unión europea, en particular las fuertes presiones del gobierno alemán. Las heroicas huelgas de los sindicatos de trabajadores de Francia, en la defensa de sus derechos a una jubilación con dignidad y decoro.

> Los trabajadores se manifestaron para evitar los despidos masivos injustificados, o como condición mínima garantizar liquidaciones justas. Salieron a las calles de manera pacífica buscando ser escuchados y pidiendo el respaldo de sus gobiernos. En nuestro país la situación de los trabajadores del Sindicato Mexicano de Electricistas es aplastado por el gobierno de Felipe Calderón, igual los mineros de Cananea, Los trabajadores de Mexicana de Aviación. En Guerrero los mineros de Taxco llevan más de tres años en huelga y la tan temida reforma laboral.

> Los trabajadores del SUTCOBACH en PIE DE LUCHA, de manera pacífica continuarnos abogando a favor de nuestros derechos. Pretendemos velar porque no sean mancillados. A cambio ofrecemos nuestro trabajo, y el prestigio de nuestra institución.

Acorde con los principios de creación del COBACH, que velan por fomentar los valores y el respeto a la persona, a la capacidad de desarrollar competencias que le permitan aportar al estado, al país, personas comprometidas y conscientes de la realidad a su alrededor. De esta forma, tal y como se promueve entre los estudiantes, debe ser garantía para los trabajadores el aspirar a mejores niveles

—

de vida, al desarrollo personal pleno y a recibir incentivos que los obliguen a comprometerse aún más con esta noble tarea ya por ellos elegida, que es la de formar a los nuevos líderes que habrán de guiar a nuestro estado por nuevos senderos, por senderos frescos y renovados.

El SUTCOBACH se ha comprometido, mejorando sus mecanismos de manifestación, a garantizar la estabilidad del Colegio, a fomentar el impulso a los niveles de calidad, y pide ser escuchado, pedimos ser escuchados, precisamente en aras de garantizar tal estabilidad.

Como parte de FUERSA, como uno de los sindicatos formadores, y como parte de una red de sindicatos prestos para apoyarnos y respaldarnos en aquellos momentos que se considere que las garantías del Contrato Colectivo de Trabajo están siendo violentadas, el SUTCOBACH tiene una alta responsabilidad moral. El SUTCOBACH comparte la presidencia colegiada de este gran frente, con los sindicatos universitarios, y tiene un gran impacto en las decisiones que al interior se siguen, así como un liderazgo importante que la coherencia de sus actos y solidaridad en el momento de respaldar las causas más justas que le han prodigado. Nuestro sindicato ha sabido usar de manera pacífica este gran respaldo y no dudaremos en continuar utilizándolo por el bien de los trabajadores.

A nivel nacional, el SUTCOBACH forma parte de la UNT y con un liderazgo compartido con el SINTCB, un liderazgo compartido que ha acudido y continuará acudiendo al llamado del SUTCOBACH, así como hemos estado presentes en las manifestaciones que han tenido lugar a nivel nacional. Estos respaldos garantizan asesoría jurídica de laboristas reconocidos, y representa, sin duda alguna, una gran fortaleza que a simple vista es posible apreciar y reconocer. El SUTCOBACH continúa creciendo, continúa avanzando, continúa unificándose, continúa consolidándose. El SUTCOBACH está más firme que nunca.

7

Conclusiones

El Maestro: mi compromiso y mi lucha, refleja la historia del SUTCOBACH Guerrero narrada por quienes han sido, desde sus orígenes, sus representantes sindicales. De esta forma, esta obra refleja la pluralidad de sus ideas y formación política. No obstante, es importante reconocer que la parte "patronal", en este caso, los Directores Generales, no han sido incluidos. Sería interesante el descubrir la historia del Colegio de Bachilleres en Guerrero y sus sindicatos vista por sus Directores Generales.

El 10 de octubre del año de 1983 se crea el Colegio de Bachilleres del Estado de Guerrero, por iniciativa de Don Alejandro Cervantes Delgado, quien siempre será recordado como el fundador del COBACH, a 27 años de tan importante acontecimiento, sabemos que este fue creado como un importante proyecto educativo del Gobierno del Estado, pero también para contrarrestar fuerza a la Universidad Autónoma de Guerrero, pues las autoridades de ese tiempo consideraban que eran muchas las preparatorias que tenia la UAG en ese momento con su política de Universidad-Pueblo.

El COBACH poco a poco fue normando su vida académica, siempre con la participación directa de la instancia sindical, esto le da características muy especiales al SUTCOBACH pues desde los inicios del COBACH, hemos participado de manera responsable y comprometida: desde la elaboración del primer reglamento académico, tabuladores, convenios y aun en la elaboración de las diferentes convocatorias. Esto hace al SUTCOBACH completamente diferente de otros sindicatos académicos, pues desde sus orígenes, siempre ha estado comprometido con los trabajadores. El SUTCOBACH siempre ha priorizado el lado académico, siendo uno de sus objetivos principales, el impulsar la superación académica de sus agremiados de manera responsable y permanente. Es así como se ha logrado que, sin excepción los trabajadores primero consideren sus deberes y obligaciones institucionales, con los alumnos, padres de familia, con la comunidad donde se ubica el plantel. Esta es la principal fortaleza y la retroalimentación del SUTCOBACH, y lo que marca la diferencia con otros sindicatos.

El camino ha sido largo, recordemos que se partió de cero. Esto ha sido un proceso paulatino en el cual los docentes del COBACH, han realizado un papel central. No obstante, pocos han sido los directivos (que han surgido y han terminado sus periodos) de las bases docentes de la Institución, la mayoría por compromisos políticos han sido designados y esto ha perjudicado a la Institución. Cada que nuevos directivos llegan, traen consigo al personal de su confianza que normalmente está totalmente desligado del sector educativo, que desconocen del funcionamiento del COBACH, sin mencionar su escaso compromiso con la institución. Lamentablemente, estos elementos son basificados mucho antes que aquellos que han invertido años en el Colegio. Quizá sería pertinente el reglamentar la contratación del llamado personal de confianza, particular y principalmente de los que ocupan puestos directivos y quieren permanecer en la institución aún después de terminar los periodos, cuando los directores generales que los trajeron al COBACH se han retirado. De continuar esta práctica, la situación financiera será cada vez más crítica, sin que tengan ninguna responsabilidad los trabajadores sindicalizados del SUTCOBACH. En este sentido, el comité ejecutivo del SUCOBACH debe mantenerse muy atento y no permitir más estos excesos.

Tengo la más firme convicción, que se debe luchar por el derecho que tienen los miembros académicos y administrativos más distinguidos, de participar en los procesos internos de selección de directivos en todos los niveles. Empezando por la dirección general, de los planteles, departamentos, coordinaciones y demás puestos de confianza. Quien más que los que conocen a fondo la institución, sus debilidades y fortalezas. Pero sobre todo el ser un trabajador que siempre le ha servido al Colegio de Bachilleres del Estado de Guerrero.

El país atraviesa por momentos críticos para la vida sindical. La situación económica tan incierta ha golpeado a instituciones históricas de defensa de los derechos de los trabajadores, como lo son el Sindicato Mexicano de Electricistas. Por la parte de la vida sindical interna considero que en este momento tan difícil y crítico para el país la principal tarea de todos debe ser fortalecer las estructuras sindicales. La prioridad debe ser el revisar los documentos rectores de manera interna, promover una verdadera educación sindical, ser al extremo cuidadosos en la elección de los dirigentes sindicales desde los planteles y sobre todo de quienes participen en el comité ejecutivo estatal. Naturalmente lo primero es apegarse a nuestro Estatuto Jurídico, a los acuerdos de los congresos. Nombrar a los mejores elementos, a los más probados, a los que nos han servido más no a los que van a servirse, ese es el poder de las bases y sobre todo la responsabilidad, el conocer y estar convencido de la seriedad, vigencia del proyecto de trabajo y responsabilidades que nos presentan los que nos quieren seguir representando o los que aspiran a hacerlo, de firmar ante notario los compromisos que se establezcan y que cada año en el congreso rindan su informe de actividades y se sometan a un referéndum, donde se ratifiquen o se nombre a su suplente. Quizá para alguien esto parezca exagerado, pero hace aproximadamente diez años el dirigente en ese tiempo del STAUAG acepto que se quitaran del contrato colectivo de trabajo cláusulas sobre las prestaciones más importantes para los trabajadores, mismas que muy difícilmente volverán a firmarse y a aparecer en el contrato. Esto no es más que un lamentable ejemplo de algo que pasó en otro sindicato. Afortunadamente esto no ha ocurrido en el COBACH, y corresponde a todos el vigilar que nunca pase. El poder que ser dirigente sindical conlleva, puede a veces desvirtuar las intenciones de aquellos elegidos para representar a los trabajadores, por ello pues, es pertinente establecer mecanismos de control que permitan mayor transparencia en el manejo del SUTCOBACH.

Los dirigentes del SUTCOBACH han cumplido en su momento con sus obligaciones, tal como la situación se ha presentado. Cada periodo ha sido diferente, se ha visto matizado por diversas coyunturas políticas y educativas, cambios de directores generales, cambios de gobierno, y alternancia de partidos en el poder. A cada momento ha correspondido una forma diferente de abordar la problemática que viven los trabajadores del STUCOBACH, y sin duda alguna, cada líder ha sabido enfrentar las particularidades de su tiempo en beneficio de los compañeros agremiados.

El SUTCOBACH ha sido, desde que vio sus orígenes en los 80's como APACOBACHEG, un sindicato de avanzada, de vanguardia, de lucha. A este sindicato le ha correspondido ser el primero en pugnar por el reconocimiento de los derechos de los trabajadores y ser uno de los actores centrales en la vida sindical en Guerrero.

Es importante reconocer la visión de aquellos que, a riesgo de perder su empleo, iniciaron el proceso de organización con Ángel Peralta García. La decisión de Gerardo Gálvez Vázquez, de llegar a un Congreso arreglado por el entonces Director General de COBACH, Lic. Andrés Peralta Santamaría, y

---

optar por separarse por completo y encabezar las primeras luchas donde habrían de firmarse las primeras Condiciones Generales de Trabajo, hasta entonces desconocidas en la vida laboral guerrerense. La responsabilidad de José Luis Adame Ávila, de seguir el camino de la independencia sindical y la búsqueda de las relaciones sindicales dentro y fuera del estado.

La planeación estratégica y visión a largo plazo de Jesús Alberto Jaramillo Rodríguez, quien creyó en el proyecto sindical, quien con toda la fuerza de su convicción, de sus ideas y de su práctica política, supo que era necesario consolidar lo que se tenía hasta ese momento, cristalizar negociaciones que continuaban pendientes y avanzar hacia objetivos definidos, trazando un proyecto a largo plazo, sin comprometer ni poner en riesgo la organización gremial. El papel negociador de Amado Guzmán Lagunas, en momentos particularmente difíciles, quien hubo de tomar medidas radicales para obtener el registro sindical y con ello dar garantías al sindicato en medio de la situación imperante en Guerrero.

La perseverancia de Leonardo Castrejón Álvarez, su apego a la instancia sindical, la visión de cambio de un sindicato gremial a un sindicato de empresa, que tuvo el acierto de buscar incluir no sólo a los académicos, sino defender y representar también a los compañeros administrativos y de intendencia, para conformar la gran familia SUTCOBACH que hoy somos. El sindicalismo militante del compañero Marco Antonio Adame Bello, primer Secretario General elegido por votación directa y secreta, quien con toda convicción que convocó a marchas para defender los derechos y hacer escuchar la voz del STUCOBACH, convocó a la segunda huelga; Marco, el militante de izquierda, de fuertes convicciones y defensor del sindicalismo no sólo del SUTCOBACH, sino de sindicatos hermanos en Guerrero y en México, adelante siempre compañero.

Y bien, para que cada dirigente haya sido exitoso en su lucha por los derechos de los trabajadores agremiados al SUTCOBACH, ha sido necesario avanzar en los mecanismos de elección, en los procesos electorales que se viven al interior de nuestra organización, y perfeccionarlos. En el periodo de Leonardo Castrejón Álvarez, se da un notable avance en el método que se utilizaba para el nombramiento del secretario general del sindicato, así como de la estructura completa del entonces STACOBACH. En ese tiempo, se nombraba a los delegados al congreso general, y una vez en el congreso, se negociaba, buscando lograr la mayoría de los delegados. De esa manera se nombraba al secretario general, y la segunda posición era asignada a la segunda fuerza política al interior del citado congreso. Así, las carteras se asignaban de manera alternada, entre las dos principales fuerzas convergentes en el Congreso, buscando con ello, integrar las diferentes visiones y conciliar en la dirección del naciente Comité Ejecutivo.

En la reforma al estatuto jurídico de 2005, se mandata la creación de la Comisión Estatal Electoral, como forma de perfeccionar la elección de la dirigencia estatal. Es ahí cuando se establecen los procedimientos que habrán de seguirse en el proceso electoral, reglas claras que permitirán a los contendientes tener la certeza de que la voluntad de los agremiados emitida en las urnas, será respetada. Se pretende que por medio de esa reglamentación, se avance en la democratización del proceso para elegir Secretario General, iniciando con esto el que es quizá el más importante proyecto al interior del SUTCOBACH, la búsqueda permanente de la democratización de sus órganos de gobierno.

Marco Antonio Adame Bello, es candidato de unidad, y el primer dirigente elegido por el voto directo y secreto, para el periodo 2006 al 2010. Este proceso electoral fue el primer ejercicio de votación que contempló a todos los agremiados de los diferentes planteles y centros educativos, y fue el primero en regirse conforme a la naciente normatividad establecida en el Estatuto Jurídico y el Reglamento Electoral. Sin duda alguna, este mecanismo contribuyó a dar legitimidad y fortaleza al sindicato y la seguridad institucional al Colegio de Bachilleres del Estado de Guerrero. No obstante, correspondió a Román Zúñiga García, Secretario General del SUTCOBACH, segundo dirigente nombrado por el sufragio, para el periodo 2010 al 2014, ser el primer candidato ganador de una contienda entre aspirantes.

En esta elección participaron dos aspirantes a ocupar la más alta distinción a que un integrante del SUTCOBACH puede aspirar: la secretaria general. En el proceso electoral de 2010, participaron dos agremiados, quienes conocían la reglamentación electoral, desde el principio del proceso. Siendo la primera elección entre dos candidatos, se les explicó de manera precisa la alta responsabilidad que ello significaba para el SUTCOBACH y la madurez con que ellos debían ingresar a la contienda. Uno de los aspirantes incluso había sido ya secretario de organización durante el periodo 2006-2010, y participó desde el inicio del proceso como actor del mismo, firmando la convocatoria para la elección de secretario general propietario suplente del 2010 al 2014, y el padrón electoral vigente. Ambos documentos habrían de ser entregados, para su distribución, en la primera reunión convocada a la que asistieron los secretarios generales de cada plantel y centro de trabajo. El entonces secretario de organización y posteriormente candidato, conoció perfectamente el desarrollo del proceso manifestando en repetidas ocasiones su plena confianza a los integrantes de la Honorable Comisión Estatal Electoral.

Así se desarrolló conforme a los tiempos establecidos el proceso electoral, del cual emergió un ganador, Román Zúñiga García. El aspirante que obtuvo menos votos, ejerció su derecho a inconformarse, sin embargo incurrió en la descalificación del proceso entero e intentó boicotear el Congreso General, donde se votará para su aprobación el dictamen del proceso electoral. Pese a ello, el Congreso se desarrolló normalmente, contando con el quórum legal, y dio paso a la aprobación del dictamen que reconoció el triunfo de Zúñiga García, secretario general del SUTCOBACH para el periodo 2010-2014. Asimismo, se nombró la estructura del comité ejecutivo.

Indudablemente, se realizarán cambios en el Estatuto Jurídico, como resultado de la experiencia de la pasada elección y en la búsqueda por mejorar los mecanismos electorales al interior del SUTCOBACH. En próximos Congresos se buscarán los mejores caminos para hacer siempre perfectible, la reglamentación que nos permita lograr mejores procesos electorales, eliminar los candados que impidan la participación de los agremiados en el registro como candidatos, que se avance en la elección por planillas completas del comité ejecutivo, que vengan a consolidar la estructura del SUTCOBACH.

Corresponde a los trabajadores verdaderos protagonistas de esta historia el mantenerse vigilantes, el exigir a quienes se postulan el respetar las reglas del proceso, y aceptar los resultados, siempre que ellos sean emanados de procesos conducidos en el marco de la legalidad y conforme a los lineamientos establecidos para tales efectos. Como integrantes del SUTCOBACH, corresponde a los agremiados el preservar la unidad sindical y hacer que sea respetada por sobre cualquier interés particular. El sindicato lleva más de 23 años perfeccionando los mecanismos de democracia a su interior y sin duda continuará haciéndolo. Permanezcamos atentos al llamado de la dirigencia, y no permitamos que intereses individualistas intenten desviar el proyecto de sindicato que con tanto esfuerzo hemos construido.

Sin temor a equivocarme estoy convencido de la gran importancia y enorme responsabilidad dentro y fuera del estado del SUTCOBACH, sobre todo para los miembros del sindicato que aspiraremos siempre a mejores condiciones de trabajo y de vida. Necesariamente se debe estar por encima de los intereses de cualquier partido político, de la denominación que fuese, aquí no es cuestión de color partidistas que tiña los estatutos del sindicato, se trata de respeto, de autonomía y de verdadera independencia sindical, el SUTCOBACH por sobre los intereses de cualquier partido político, de grupos o personas. Esta es mi idea, esta es mi posición y mi propuesta.

—

8

Directorio de los Comités Ejecutivos de la APACOBACHEG, del STACOBACH y del SUTCOBACH

Tabla 5.
Comité Ejecutivo de la APACOBACHEG 1987-1990

1. Profr. Florentino Gerardo Galvez Vázquez
   Coordinador General
2. Lic. Daniel Rogelio Perea Salas
   Coordinador de Trabajo y Conflictos
3. Profr. Adolfo Astudillo Salgado
   Coordinador de Finanzas
4. Ing. José Luis Adame Ávila
   Coordinador de Organización
5. Profr. Jacinto Valentín Aguilar
   Coordinador de Asuntos Culturales y Sociales
6. Profr. Agustín Santiago Moreno
   Coordinador de Actas y Acuerdos
7. Dr. Javit Kuri Guinto
   Coordinador de Educación Gremial
8. Ing. Jesús Azúcar Guzmán
   Coordinador de Seguridad Social, Crédito y Vivienda
9. Dr. Nazario Dante Pérez Torres

Coordinador de la Oficialía Mayor
10. Biol. José Alfredo Silva Medina
    Coordinador de Prensa y Propaganda
11. Lic. Leonardo Castrejón Álvarez
    Coordinador de Asuntos Deportivos
12. Lic. Miguel Ángel Adame Bello
    Coordinador de Relaciones Públicas
13. Profr. José Luis Arcos Santos
    Coordinador de Escalafón
14. Lic. Hueman Abundez Núñez
    Asesor Jurídico

Tabla 6.
Comité Ejecutivo de la APACOBACHEG 1990-1993

1. Ing. José Luis Adame Ávila
   Coordinador General
2. Dr. Gilberto Armendáriz Galeana
   Coordinador de Organización
3. Ing. Eusebio Juárez Vázquez
   Coordinador de Finanzas
4. Profr. Raúl Mondragón Mariano
   Coordinador de Asuntos Académicos
5. Lic. Jesús Alberto Jaramillo Rodríguez
   Coordinador de Trabajo y Conflictos
6. Lic. Camerino Sánchez Herrera
   Coordinador de Actas y Acuerdos
7. Lic. Ángel Peralta García
   Coordinador de Educación Gremial
8. Lic. Leonardo Castrejón Álvarez
   Coordinador de Seguridad Social
9. Profr. Sigifredo López Reyes
   Coordinador de Crédito y Vivienda
10. Profr. Óscar Flores Santana
    Coordinador de Asuntos Culturales y Sociales
11. Profr. Tiburcio Luna Castro
    Coordinador de Prensa y Propaganda
12. Profr. Armando Astudillo Vega
    Coordinador de Asuntos Deportivos
13. Profr. Fernando Mejía Salgado
    Coordinador de Relaciones Públicas
14. Ing. Rosalba Antonio Martínez
    Coordinadora de Escalafón
15. Lic. Modesto Acevedo García
    Asesor Jurídico

Tabla 7.
Comité Ejecutivo de la APACOBACHEG 1993-1996

1. Lic. Jesús Alberto Jaramillo Rodríguez
    Coordinador General
2. QFB Graciela Marquina Ramírez
    Coordinadora de Organización
3. Profr. Manuel Arrieta Ávila
    Coordinador de Finanzas
4. Profr. Guillermo Anzures Carreto
    Coordinador de Asuntos Académicos
5. Arq. Salomón Moreno Alvarado
    Coordinador de Trabajo y Conflictos
6. Profr. Miguel Carlos González Olivares
    Coordinador de Actas y Acuerdos
7. Lic. Carlos Mesino García
    Coordinador de Educación Gremial
8. Profr. José A. Manzanarez García
    Coordinador de Seguridad Social
9. Profr. Amado Guzmán Lagunas
    Coordinador de Crédito y Vivienda
10. Profr. José Ángel Calzada Arias
    Coordinador de Oficialía Mayor
11. Ing. Gustavo Tejada Pérez
    Coordinador de Asuntos Culturales y Sociales
12. Ing. J. Jesús Azúcar Guzmán
    Coordinador de Prensa y Propaganda
13. Profr. José Luis Montes Varela
    Coordinador de Asuntos Deportivos
14. Lic. Román Barrientos Reyes
    Coordinador de Relaciones Públicas
15. Profr. Filogonio Santos Ureña
    Coordinador de Escalafón
16. Lic. Orlando García Alonso
    Asesor Jurídico

Tabla 8.
Comité Ejecutivo de la APACOBACHEG 1996-1999

1. Amado Guzmán Lagunas
   Coordinador General
2. Guillermo Anzures Carreto
   Coordinador de Trabajo y Conflictos
3. Carlos Mesino García
   Coordinador de Finanzas
4. Mariana Martínez Román
   Coordinadora de Asuntos Académicos
5. Salomón Moreno Alvarado
   Coordinador de Organización
6. José Ángel Calzada Arias
   Coordinador de Actas y Acuerdos
7. Sigifredo López Reyes
   Coordinador de Educación Gremial
8. José Luis Nava Castillo
   Coordinador de Seguridad Social
9. José A. Manzanarez García
   Coordinador de Crédito y Vivienda
10. Rufino Salmerón Mosso
    Coordinador de Asuntos Culturales
11. Gilberto Armendáriz Galeana
    Coordinador de Prensa y Propaganda
12. Rogelio Gutiérrez Nava
    Coordinador de Asuntos Deportivos
13. Bulmaro Rivera Chacón
    Coordinador de Relaciones Públicas
14. Roberto Martínez García
    Coordinador de Escalafón
15. Leonado Castrejón Álvarez
    Coordinador de Asuntos Jurídicos
16. Santa Cabañas Cienfuegos
    Coordinadora de Asuntos Sociales
17. Gustavo Tejada Pérez
    Coordinador de Estadísticas
18. Delfino Abad Miranda
    Coordinador de Oficialía Mayor

Tabla 9.
Comité Ejecutivo del STACOBACH—GRO 1999-2002

1. Amado Guzmán Lagunas
   Secretario General
2. Leonardo Castrejón Álvarez
   Secretario de Organización
3. Joaquín Francisco Mejía Ortiz
   Secretario de Trabajo y Conflictos
4. José Ángel Calzada Arias
   Secretario de Finanzas
5. Carlos Mesino García
   Secretario de Asuntos Académicos
6. Santa Cabañas Cienfuegos
   Secretaria de Actas y Acuerdos
7. José Alfredo Manzanarez García
   Secretario de Crédito y Vivienda
8. Rufino Salmerón Mosso
   Secretario de Relaciones y Solidaridad
9. Jesús Cerón Ramirez
   Secretario de Educación Gremial y Cultural
10. Gustavo Tejada Pérez
    Secretario de Seguridad Social
11. Gerardo Panchi Vanegas
    Secretario de Asuntos Sociales
12. Andrea Mendoza Valenzuela
    Secretaria de Escalafón
13. Sigifredo López Reyes
    Secretario de Prensa y Propaganda
14. Rogelio Gutiérrez Nava
    Secretario de Asuntos Deportivos
15. Bulmaro Rivera Chacon
    Secretario de Relaciones Exteriores
16. Mario Vázquez Castro
    Secretario de Oficialía Mayor
17. Óscar Díaz Camacho
    Secretario de Asuntos Jurídicos
18. José Luis Nava Castillo
    Secretario de Estadísticas
19. Eulalia Bustos Velázquez
    Secretaria de la Mujer

Tabla 10.
Comité Ejecutivo del STACOBACH 2002-2006

1. Leonardo Castrejón Álvarez
   Secretario General
2. José Alfredo Manzanarez García
   Secretario de Organización
3. Everardo Gómez Serna
   Secretario de Trabajo y Conflictos
4. Román Zúñiga García
   Secretario de Finanzas
5. Salomón Moreno Alvarado
   Secretario de Asuntos Académicos
6. Hermelinda Avellaneda López
   Secretaria de Crédito y Vivienda
7. Homero Portillo García
   Secretario de Relaciones y Solidaridad
8. Eusebio Juárez Vázquez
   Secretario de Educación Gremial y Cultura
9. Carlos Mesino García
   Secretario de Seguridad Social
10. Pedro Hernández Garnica
    Secretario de Asuntos Sociales
11. Adelfo Martínez Abarca
    Secretario de Escalafón
12. Gustavo Víctor Ramírez
    Secretario de Prensa y Propaganda
13. José Antonio Salvador López
    Secretario de Asuntos Deportivos
14. Filogonio Santos Ureña
    Secretario de Relaciones Exteriores
15. Alfredo Testa Muñoz
    Secretario de Oficialía Mayor
16. José Martín Romero Medina
    Secretario de Asuntos Jurídicos
17. José Martín Romero Medina
    Secretario de Estadística
18. Ma. Alejandra Espinoza Sánchez
    Secretaria de la Mujer

Tabla 11.
Comité Ejecutivo del SUTCOBACH—GRO 2006-2010

1. Marco Antonio Adame Bello
   Secretario General
2. Adelfo Martínez Abarca
   Secretario de Organización
3. Juan Alberto Vázquez de la Rosa
   Secretario de Trabajo y Conflictos
4. Luis Everardo Paredes Benítez
   Secretario de Finanzas
5. Ezequiel Barrera Flores
   Secretario de Asuntos Académicos
6. Nelly Barrera Treviño
   Secretaria de Actas y Acuerdos
7. José Antonio Salvador López
   Secretario de Seguridad Social, Crédito y Vivienda
8. Vicente Torres Lucena
   Secretario de Relaciones y Solidaridad
9. Mario José Jaimes Pérez
   Secretario de Educación Gremial y Cultura
10. Oscar Díaz Camacho
    Secretario de Escalafón
11. César Navarro de Aquino
    Secretario de Prensa y Propaganda
12. Jesús Aranda Valdovinos
    Secretario de Asuntos Sociales y Deportivos
13. Gehu Sánchez Rumbo
    Secretario de Planeación y Desarrollo Sindical
14. Alejandro Castro Salazar
    Secretario de Jubilaciones y Pensiones
15. Oscar García Nájera
    Secretario de Asuntos Jurídicos

Tabla 12.
Comité Ejecutivo del SUTCOBACH—GRO 2010-2014

1. Román Zúñiga García
    Secretario General
2. Ma. Del Consuelo Arellano Pérez
    Secretaria de Organización
3. Ma. Isabel Cruz Manríquez
    Secretaria de Trabajo y Conflictos
4. Alejandro Castro Salazar
    Secretario de Finanzas
5. Ángel Pérez Brito
    Secretario de Asuntos Académicos
6. Arturo Rea Delgado
    Secretario de Actas y Acuerdos
7. Magdalena Munguía López
    Secretaria de Seguridad Social, Crédito y Vivienda
8. José Antonio Salvador López
    Secretario de Relaciones y Solidaridad
9. Sandalio Gonzales Moreno
    Secretario de Educación Gremial y Cultura
10. César Navarro Deaquino
    Secretario de Escalafón
11. Sotero Valentín Álvarez
    Secretario de Prensa y Propaganda
12. Yadira Hernández Betancourt
    Secretaria de Asuntos Sociales y Deportivos
13. Alfonso Bahena Moreno
    Secretario de Planeación y Desarrollo Sindical
14. Mario Salazar Nava
    Secretario de Jubilaciones y Pensiones
15. Fernando Zúñiga Patricio
    Secretario de Asuntos Jurídicos

9

Referencias

Aguilar J en Canto R (Marzo-Abril 1990) Los Sindicatos Nacionales: Educación, Telefonistas y Bancarios, Colección los Sindicatos Nacionales, El campo mexicano. Vol. IV No. 34 GV Editores, México, 1989.

Colegio de Bachilleres (2008) 1973-2008: 35 años de formar bachilleres Gaceta Órgano Informativo del Colegio de Bachilleres.30 de agosto de 2008/ Número 22.

Colegio de Bachilleres B (2008) Plan Institucional de Desarrollo 2008-2011. Colegio de Bachilleres del Estado de Guerrero, Chilpancingo, Guerrero.

Colegio de Bachilleres C (2009) ¿Qué es el colegio de Bachilleres? Consultado el 06 de enero de 2008 en http://www.cbachilleres.edu.mx/

Guerrero (1983) Decreto Número 490. Periódico Oficial No. 74 del Gobierno del Estado de Guerrero. 16 de septiembre de 1983.

Pulido A (2008) Historia del Sindicalismo Universitario Consultado el 20 de enero de 2008 en http://www.stunam.org.mx/22historia/22histsindiuniver/22histsin10.htm

SUPDACOBAEZ (2009) Unión Nacional de Sindicatos de Colegio de Bachilleres Consultado el 15 de enero de 2008 en http://www.supdacobaez.org.mx
Yáñez A (1986) UNIVERSIDAD Año VI/núm. 29, 13 de noviembre de 1986, pp. 2-8. Dirección de Prensa y Relaciones Públicas.

10

Breve Semblanza del Maestro y Luchador Social Jesús Alberto Jaramillo Rodríguez

1) De sus orígenes

Jesús Alberto nació el 14 de marzo de 1956, en la ciudad de Tixtla de Guerrero, Guerrero, México, cuna de hombres ilustres, hombres de letras, hombres de lucha. Siendo sus padres la señora Inés Rodríguez Bello y don Jesús Jaramillo Bello. El ser tixtleco de nacimiento sin duda forjó su carácter, siguiendo desde pequeño el ejemplo de Vicente Guerrero y de Ignacio Manuel Altamirano, hombre comprometido con la educación, quien en una de sus facetas fuera fundador de la Escuela Normal Nacional para Maestros. El Maestro Raúl Isidro Burgos, fundador de la Escuela Normal de Ayotzinapa, dedicó largas horas para conversar e instruir al joven Jaramillo, quien acudía a escuchar las vivencias del Maestro. Isidro Burgos vivió sus últimos años en la casa familiar del joven Jaramillo en Tixtla, quien no imaginaba en aquel momento la importancia que esas largas horas de conversación tendrían en su vida.

2) De sus estudios básicos

A temprana edad el chiquillo Jesús Alberto fue inscrito para cursar la educación preescolar misma que realiza en el jardín de niños *"Ignacio M. Altamirano"* de su ciudad natal, durante el período que transcurre entre 1959 a 1962.

De gran importancia en la formación de Jesús, fueron los años de su educación elemental primaria, en el Internado No. 21 maestro "Adolfo Cienfuegos y Camus" del mismo sitio de 1962 a 1968, bajo los cuidados y observancia de doña Carmen Rodríguez Bello, su abuela materna. La disciplina y calidad en la educación que recibió en esa época acompañaría al pequeño Jorge, como es conocido y llamado por familiares y amigos, a lo largo de su vida. Nunca olvidaría las charlas y consejos que recibió de sus maestros, quienes en aquella época eran hombres de gran cultura formados en la masonería.

Posteriormente continúa sus estudios de educación media básica en la ciudad y Puerto de Acapulco, ingresando a la Escuela Secundaria Federal No.1, que efectúa de 1968 a 1971, donde será reconocido por su ahínco por destacar académicamente entre sus compañeros de escuela.

3) De sus estudios medio superior

Como muestra de su interés por continuar su superación educativa, Jesús Alberto regresa a Tixtla y comunica a su abuelita su deseo de realizar estudios de educación media superior en Chilpancingo. Al lograr su anuencia, realiza examen de ingreso que aprueba en forma excelente, en la Escuela Preparatoria No.1, turno matutino, de la Universidad Autónoma de Guerrero, llevando acabo los estudios durante el período de 1972 a 1975, siendo elegido al poco tiempo Consejero Técnico alumno. Con esta oportunidad de ser representante universitario, se incorpora y participa en los diversos movimientos y actividades estudiantiles que se generan en esa época.

4) Luchador estudiantil universitario

En su calidad de alumno preparatoriano, Jesús Alberto establece relaciones políticas con líderes democráticos de su escuela, de las casas de estudiantes y de la Federación Estudiantil Universitaria Guerrerense (FEUG). Aquí conoce a José Carmen Tapia Gómez, quien a la vez era Consejero Técnico de la misma Escuela Preparatoria No.1 por el turno vespertino, así como a Guillermo Sánchez Nava, entonces dirigente de la FEUG, a Saúl López Sollano, Pedro Helguera Jiménez, Víctor Hugo Herrera Pegueros, Javier Albavera Viveros y otros destacados líderes de la Unión Estudiantil Guerrerense (UEG), todos ellos a la postre connotados luchadores sociales; participa con la mayoría de estos en círculos de estudio de formación política, dándose en él un marcado cambio cuantitativo y cualitativo en su formación personal. En este lapso tuvo significativa influencia de luchadores sociales de la talla de Carmelo Cortés Castro y Pedro Helguera Jiménez.

En 1976 ingresa como morador y desarrolla su actividad académica y política en la Autentica Casa del Estudiante Guerrerense (ACEG), las preparatorias y las escuelas superiores de la UAG, manteniendo una comunicación y amistad muy cercana con el Dr. Rosalío Wences Reza, quien fuera rector de la institución entre 1972 y 1975.

5) De sus estudios superiores y visión crítica

En 1975 Jaramillo Rodríguez ingresa a la entonces especialidad de Economía, adscrita a la carrera de Filosofía y Letras de la Universidad, misma que en el siguiente grado se constituye en Escuela Superior de Economía y más tarde en Escuela Superior de Ciencias Económicas, bajo la dirección del profesor Rubén Moreno Lecanda, que empezó funcionando en el viejo edificio Docente. Fue compañero de generación de Mario Octaviano Martínez Rescalvo y Armando Chavarría Barrera, con quienes los ató una relación de estudios y de amigos inolvidable. Cabe señalar que también tuvo como compañeros de bancada escolar en la escuela de economía a René Juárez Cisneros y Miguel Mayrén Domínguez, por citar algunos.

En su estancia en la escuela de economía restableció amistad con su compañero José Carmen Tapia Gómez, y a través de él y Mario Martínez logran que Armando Chavarría se incorpore como militante de la UEG en 1976.

Sus actividades políticas en la UEG, la FEUG y la ACEG intensifican su labor del lado de la izquierda revolucionaria y su relación con José Carmen Tapia Gómez, uno de los dirigentes de las casas de estudiantes, en aquel tiempo influenciadas fuertemente por el líder histórico Adolfo Gutiérrez Román (el Guty). Entonces, se inicia la coordinación con Rogelio Ortega Martínez, líder estudiantil de la Escuela Normal Superior de la UAG. Se logra la participación de Bartolo Hernández Santana, representante de la Escuela Superior de Agricultura, sobresaliendo Jesús Alberto como Delegado de la Escuela de Economía a la Federación Estudiantil Universitaria Guerrerense. En un Consejo General de Representantes de la FEUG, los cuatro líderes son nombrados miembros del Comité Coordinador de dicho organismo y ratificados en un Congreso General; a su vez, son elegidos Consejeros Universitarios junto a Carlos Díaz Frías a partir de 1976 y permanecen como tal hasta 1980. Esta es una de las etapas más combativas y representativas de la dirección estudiantil.

Destaca la participación de Jaramillo en la organización de marchas a la ciudad de México por la obtención de subsidio y becas para estudiantes, y en manifestaciones políticas, así como de orador en mítines de apoyo a la institución y por la presentación de los desaparecidos y presos políticos; en la lucha por la libertad de Pedro Helguera Jiménez, recluido en la Penitenciaría de Cuernavaca, Morelos; de Guillermo Sotelo Rabiela y Arturo Miranda Ramírez, confinados en Veracruz; de Eloy Cisneros Guillen en Ometepec y Octaviano Santiago Dionisio en Acapulco, citando sólo a los presos políticos más representativos del movimiento democrático universitario y revolucionario.

Por sus actividades democráticas y entrega a las causas populares, Jaramillo estuvo expuesto a la represión desatada entonces por el gobierno de Rubén Figueroa padre, cuando este desencadenó una cruenta persecución de líderes universitarios orquestada desde el gobierno del estado a partir de 1979, a través de grupos a su servicio, quienes buscaban amedrentar al movimiento democrático.

6) Nuevas tareas y perspectivas profesionales

Con méritos propios, Jesús Alberto ingresa por examen de oposición como trabajador académico de la UAG, el 1º. de octubre de 1977. Este mismo año funda, con Jaime y Javier Robledo Rodríguez, Mario Octaviano Martínez Rescalvo, Armando Chavarría Barrera y Lorenzo Urzúa Rodríguez, la Escuela Preparatoria Popular "EMILIANO ZAPATA" en Tixtla, e invita a sus compañeros José Carmen Tapia Gómez y César Vázquez Velázquez en calidad de profesores; el primero era miembro del COCO de la FEUG y el segundo Jefe de la Librería Universitaria. La escuela preparatoria popular sería reconocida oficialmente con el No. 29 a principios de los años ochentas, de la que es uno de sus mentores.

Jaramillo participa también en la fundación de las escuelas preparatorias populares de Zumpango de Neri y Apango (en Mártir de Cuilapan), donde fungió como profesor.

En 1980 concluye sus estudios de licenciatura en la carrera de Ciencias Económicas, dejando una honda huella al sobresalir por su participación académica y política. En el año de 1981 contrae matrimonio con Yolanda Galán Hernández, con quien procrea dos hijas, Artemisa y Atenas, las que integran actualmente su familia nuclear.

De 1982 a 1983 se desempeñó como jefe del Departamento de Orientación Vocacional de la UAG. En su nueva labor, recorrió el conjunto de escuelas preparatorias de la Universidad impartiendo conferencias; además, establece coordinación con sus homólogos en las universidades del país, realiza foros estatales sobre "La Orientación Vocacional" e impulsa la formación de Áreas Psicopedagógicas en el nivel medio superior de la institución.

Como parte de su desarrollo profesional y experiencia académica, en 1984 ingresa al Plantel No. 11 Tixtla del Colegio de Bachilleres del Estado de Guerrero como catedrático, y en 1987 participa en la fundación del Sindicato Independiente del Colegio de Bachilleres. En ese mismo año se afilia a la Asociación Sindical del Personal Académico del COBACH.

Por su reconocida labor profesional y política, de 1987 a 1989 es llamado a colaborar en el H. Ayuntamiento de Tixtla de Guerrero que encabeza la distinguida maestra Julia Jiménez Alarcón, donde funge como Secretario Particular y Gestor Financiero. Como funcionario municipal presentan importantes proyectos productivos, propuestas de organización para el trabajo, gestión de recursos y apoyos externos para el H. Ayuntamiento. Se destaca por su agradable humor, la buena atención y trato hacia la gente, especialmente de las comunidades rurales y colonias populares.

Luego, se desempeñó como Coordinador de Trabajo y Conflictos de la Asociación del Personal Académico del Colegio de Bachilleres del Estado de Guerrero, en un segundo periodo, durante los años 1990-1993. En este participa con el distinguido universitario nacional Pablo Sandoval Ramírez y el entonces líder del Sindicato de Trabajadores Académicos de la Universidad Autónoma de Guerrero, Jorge Carlos Payan Torres, en la organización de los sindicatos a nivel estatal y nacional.

El 20 de febrero de 1993, al celebrarse el Congreso General Ordinario es nombrado Coordinador General de la Asociación del Personal Académico del Colegio de Bachilleres del Estado de Guerrero; en 1995, es miembro fundador de la Federación Nacional de Sindicatos de los Colegios de Bachilleres de la

—

Republica Mexicana y Secretario de Finanzas de su Comité Ejecutivo Nacional. El 20 de febrero de 1996 termina su desempeño en ambas representaciones.

Es importante mencionar también su destacado ejercicio como impulsor de la cultura política democrática, pues por su credibilidad ciudadana participa como Presidente de Consejo Distrital desde 1996, al ciudadanizarse el Consejo Estatal Electoral, ahora Instituto Estatal Electoral de Guerrero. En honor a ello, Jaramillo fue nombrado para diferentes representaciones de tipo electoral: Presidente del Segundo Consejo Distrital Electoral: Junio-Diciembre de 1996. Presidente del Segundo Consejo Distrital Electoral: Mayo de 1998-Marzo de 1999. Presidente del Primer Consejo Distrital Electoral. Mayo-Diciembre de 1999. Consejero Presidente del Segundo Consejo Distrital. Mayo-Diciembre de 2008.

7) **Proyección y experiencia profesional**

Desde su fundación Jaramillo Rodríguez participa activamente en el Colegio de Economistas del Estado de Guerrero, del cual fue miembro de su Consejo Directivo por dos periodos. Primer periodo, Secretario de Acción Política. 2000-2002. Segundo periodo Coordinador de Estudios Estatales y Sectoriales. 2004-2006.

Igualmente, ha participado activamente en la vida sindical y contribuido en los dos procesos electorales recientes, desempeñando con éxito, dedicación y cometido las siguientes responsabilidades, en el STACOBACH y SUTCOBACH, con respeto y apego a los principios de Certeza, Legalidad, Objetividad, Imparcialidad e Independencia exigidas: STACOBACH, Presidente de la H. Comisión Electoral Estatal. Febrero-junio de 2006. SUTCOBACH, Secretario de la H. Comisión Electoral Estatal. Febrero-junio de 2010.

En el ámbito profesional ha tenido una destacada presencia como organizador y orientador en el desarrollo del Servicio Social, en atención a estudiantes en diversas dependencias del Colegio de Bachilleres. Actualmente es Coordinador del Servicio Social Externo, Prácticas Profesionales y Residencias Profesionales, del Departamento de Vinculación Académica del Colegio de Bachilleres del Estado de Guerrero.

En el ámbito social su labor sigue vigente y la sociedad tixtleca lo ha sabido reconocer. Por ello, es Presidente del Movimiento Nuevo Guerrero, A.C.—Tixtla.

Doctorante José Carmen Tapia Gómez.
Director de la Unidad Académica de Antropología Social.
de la Universidad Autónoma de Guerrero.

———

11

La Historia del SUTCOBACH en imágenes

Secretarios Generales de los Colegios Asistentes informado en la Radio Local en Villahermosa Tabasco sobre el Primer Encuentro Regional de los Sindicatos del COBACH Zonas Centro, Sur y Sureste, Agosto de 1993

Primer Encuentro Regional de los Sindicatos de los Colegios de Bachilleres de las Zonas Centro, Sur y Sureste. Villahermosa, Tabasco. 27, 28 y 29 de agosto de 1993. Secretario Generales: Hugo Obregón Hernández (SINTCB), Lic. Jesús Alberto Jaramillo Rodríguez (APACOBACHEG), Lic. Alberto Guerrero Gutiérrez (STACBP).

Intervención del Lic. Jesús Alberto Jaramillo Rodríguez en el Primer Encuentro Regional de Sindicatos de los Colegios de Bachilleres. Villahermosa, Tabasco27, 28 y 29, Agosto de 1993

Marcha Estatal por la Nivelación Salarial. Chilpancingo Guerrero.
31 de octubre de 2006

Asamblea Plenaria Estatal de Secretarios Generales Delegacionales
del SUTCOBACH-Guerrero, Chilpancingo, Guerrero. 6 de
noviembre de 2006

Jornadas de Lucha de la Unión Nacional de Sindicatos de los Colegios de Bachilleres. Ciudad de México, 8 de noviembre de 2006

Plantel No. 1 Chilpancingo, presente en las jornadas de lucha de la Unión Nacional de Sindicatos de los Colegios de Bachilleres. Ciudad de México, 8 de noviembre de 2006

Jornadas de Lucha de la Unión Nacional de Sindicatos de los Colegios de Bachilleres. Ciudad de México, 13 de noviembre de 2006

Gran Marcha de la Unión Nacional de Sindicatos de los Colegios de Bachilleres. Ciudad de México. 13 de noviembre de 2006

El SUTCOBACH-Guerrero, al frente de la Gran Marcha Nacional de la UNSCB. Centro de la ciudad de México. 15 de noviembre de 2006

Marcha del Frente Único Estatal de Representantes Sindicales Autónomos. Chilpancingo, Guerrero. 22 de enero de 2007

Primer Informe de Actividades del Comité Ejecutivo Estatal 2006-2010 SUTCOBACH-Guerrero, Chilpancingo, Guerrero. 23 de octubre de 2007

Primer Aniversario del Frente Único Estatal de Representantes Sindicales Autónomos. Chilpancingo, Guerrero. 24 de octubre de 2007

Concentración en la Cámara de Diputados Ciudad de México 6
de noviembre de 2007

Marcha del Día Internacional del Trabajo. Acapulco Guerrero,
1º de Mayo de 2009

Pleno de Secretarios Generales, Entrega de Banderas de Huelga. Chilpancingo, Gro. 14 de enero de 2010

Honorable Comisión Estatal Electoral. 10 de febrero de 2010. En el gráfico, de izquierda a derecha, Licenciado Juan Bruno, MC Roberto Martínez, Profesor Odón Rodríguez, Licenciado Jesús Alberto Jaramillo, y Profesor Silviano Diego

Tercer Simposio Internacional Las Reformas en la Escuela,
Proyectos Didácticos y Competencias. Plantel Copala, 15 de
Mayo de 2010

Delegados al Congreso del SUTCOBACH-Guerrero. Chilpancingo,
Gro. 15 de octubre de 2010

Compañeros del SUTCOBACH-Guerrero, Jesús Alberto Jaramillo Rodríguez, Román Zúñiga García (Secretario General 2010-2014), Pedro Garnica, Gerardo Gálvez Vázquez y Felipe Ortiz, Chilpancingo, Gro. 15 de octubre de 2010

Lic. Jesús Alberto Jaramillo Rodríguez, leyendo el Dictamen General del Proceso Electoral, en el Congreso General Ordinario el 28 de junio de 2010, en Chilpancingo Guerrero.